Inglês *urgente!* Para Brasileiros

NOVAS
soluções simples e práticas
para a comunicação empresarial

nos NEGÓCIOS

Cristina Schumacher

Inglês *urgente!* Para Brasileiros

NOVAS
soluções simples e práticas
para a comunicação empresarial

nos NEGÓCIOS

ELSEVIER

CAMPUS

Copidesque: Mariflor Brenlla Rial Rocha
Editoração Eletrônica: Estúdio Castellani
Revisão Gráfica: Edna Cavalcanti e Roberta Borges

Projeto Gráfico
Elsevier Editora Ltda.
A Qualidade da Informação.
Rua Sete de Setembro, 111 – 16º andar
20050-006 Rio de Janeiro RJ Brasil
Telefone: (21) 3970-9300 FAX: (21) 2507-1991
E-mail: *info@elsevier.com.br*
Escritório São Paulo:
Rua Quintana, 753/8º andar
04569-011 Brooklin São Paulo SP
Tel.: (11) 5105-8555

ISBN 978-85-352-3154-0

Nota: Muito zelo e técnica foram empregados na edição desta obra. No entanto, podem ocorrer erros de digitação, impressão ou dúvida conceitual. Em qualquer das hipóteses, solicitamos a comunicação à nossa Central de Atendimento, para que possamos esclarecer ou encaminhar a questão.

Nem a editora nem o autor assumem qualquer responsabilidade por eventuais danos ou perdas a pessoas ou bens, originados do uso desta publicação.

Central de atendimento
Tel.: 0800-265340
Rua Sete de Setembro, 111, 16º andar – Centro – Rio de Janeiro
e-mail: info@elsevier.com.br
site: www.campus.com.br

CIP-Brasil. Catalogação-na-fonte.
Sindicato Nacional dos Editores de Livros, RJ

S419i Schumacher, Cristina
Inglês urgente! para brasileiros nos negócios : novas soluções simples e práticas para a comunicação empresarial / Cristina Schumacher. – Rio de Janeiro : Elsevier, 2009.

Inclui bibliografia
ISBN 978-85-352-3154-0

1. Língua inglesa - Conversação e frases (para executivos). 2. Língua inglesa – Inglês comercial. I. Título.

08-4202. CDD: 428.24
CDU: 811.111'243

Dedico este livro
à memória da minha
irmã Lúcia,
que retornou à Luz.

Agradecimentos

Obrigada aos meus colegas Talita Propp e Brandon Link, pela parceria, e à Paola, pelo café e o bom humor. Obrigada a Caroline Rothmuller, minha editora, e a toda a equipe da Campus. **It's been 10 years now!**

Sumário

Introdução

Este *Inglês Urgente! para Brasileiros nos Negócios* pretende atender aos profissionais de todas as áreas que mantêm contatos internacionais freqüentes e se deparam com uma série de dúvidas a respeito de como melhorar seu inglês. O livro propõe uma reflexão acerca de metas de desenvolvimento, mas também oferece correções e esclarecimentos do uso do idioma a partir de usos autênticos.

Esses usos autênticos são oriundos de um banco de imprecisões que vimos mantendo ao longo de anos a partir de entrevistas, solicitações de e-mails para análise e contatos com profissionais brasileiros que precisam de uma avaliação de seus conhecimentos de inglês. Essas entrevistas e textos foram solicitados por empresas e departamentos de recursos humanos, em processos de seleção, gestão de desenvolvimento, recursos e subsídios para inglês. Os tópicos das seções de imprecisões, divididos em estrutura, vocabulário e pronúncia, foram selecionados a partir da identificação das imprecisões mais recorrentes dentro desse banco. As entrevistas que alimentaram o banco de imprecisões que deu origem à seleção de tópicos foram em sua maioria conduzidas por falantes de inglês sem conhecimento de português. Os textos usados foram em sua maioria e-mails autênticos utilizados em comunicações de trabalho, e todo o material foi modificado onde houvesse a possibilidade de identificar a empresa do avaliado. Durante as entrevistas e nas solicitações de textos foram tratados assuntos profissionais de diversos âmbitos corporativos. É isso que garante a relevância dos exemplos e contextos apresentados neste livro para o público corporativo, e é por isso que chamamos este livro de *Inglês Urgente! para Brasileiros nos Negócios*: utilizamos a mesma abordagem do *Inglês Urgente! para Brasileiros*, publicado em 1999 e editado regularmente desde então, e mantivemos a contextualização das imprecisões em comunicações de negócios. Os conteúdos das duas obras são complementares e as imprecisões abordadas em uma obra não são repetidas na outra.

Este livro contém:

- Orientações para adquirir maior autonomia na comunicação.
- Reflexões e estratégias para maximizar o uso daquilo que você já domina.
- Tópicos de estrutura, vocabulário e pronúncia com emprego freqüentemente impreciso, apresentando a correção e a explicação da provável origem da imprecisão no português do Brasil.
- Glossário essencial de termos empregados na comunicação corporativa, organizado por departamentos.
- Tradução de todos os usos do idioma.

Uma vez que a grande maioria dos materiais de inglês disponíveis no mercado se destina a apresentar ao aprendiz caminhos para expandir seu vocabulário e a tratar de um número de situações comunicativas cada vez mais amplo oferecendo "o que dizer" específico, este livro propõe que se faça uso do que se sabe, com adaptações e verificação da compreensão do outro, sem pensar na palavra certa nessa ou naquela situação, mas em palavras que cumpririam o objetivo de comunicar o que se deseja.

Como o livro também apresenta correções e esclarecimentos para as imprecisões comumente cometidas, pode haver uma aparente contradição no fato de que a mesma obra apresente e fortaleça soluções de uso da língua para a comunicação do momento, sem recorrer às formas exatas que o dicionário ou o falante nativo proporia usar. Ocorre que, muito mais do que apenas corrigir, que tem o escopo limitado a uma forma, o objetivo com as correções e esclarecimentos é fazer uma reflexão sobre a língua. Para pessoas interessadas no idioma que não são técnicos da área de línguas, essa reflexão é mais passível de ser feita através de análises e comparações com a própria língua, que é de domínio franco, mesmo que intuitivo.

A língua do dia-a-dia, seja ela inglês ou português ou outra, não é um evento separado de tudo o mais que você faz. Aliás, a língua é o tecido que envolve praticamente todas as coisas da nossa vida. Propondo refletir sobre a língua e sendo a reflexão algo que costuma ter o papel de transformar, o objetivo geral deste *Inglês Urgente! para Brasileiros nos Negócios* é começar a criar nos aprendizes de inglês condições para uma comunicação mais autônoma, independente, que é o que conta na hora e no momento em que a comunicação está acontecendo.

Com relação ao padrão do inglês apresentado e valorizado aqui, tende a ser de uso mais universal, com algum viés eventual por aplicações de inglês americano. Realmente, o foco e o interesse recaem sobre a comunicação internacional que, como o próprio nome indica, não comporta rigidez de escolha de padrões e sim deve primar por formulações claras e o mais livre de ruídos possíveis. Isso geralmente se resume ao respeito por padrões básicos de estrutura, vocabulário e pronúncia, para que pessoas com origens lingüísticas diferentes possam se entender. Quanto às minhas opções particulares de uso do inglês, há muito tempo não me preocupo em soar americana ou inglesa ou o que for. Por mais inglês que eu fale, em algum momento vou soar apenas eu mesma (com meu conhecimento de português como língua materna, de outras línguas que desejei aprender além do inglês, de interesse pelo mundo das palavras etc., etc.), e acho que esse fato reflete a realidade dos meus leitores, cansados de exigências de desempenho além de suas necessidades, convicções e disponibilidade.

Quanto às imprecisões apresentadas, apesar de cada tópico enfocar apenas um aspecto, freqüentemente não existe ali apenas o erro do tópico em questão. Portanto mantive, sempre que possível, a frase ou o uso do inglês como foi feito e apresentei a correção integral na coluna ao lado. Além de ser algo real, apresenta mais possibilidades de correção, comparação e, por conseqüência, reflexão.

O português das traduções é o português que usamos no dia-a-dia. Não houve qualquer preocupação com discussões teóricas sobre onde colocar os pronomes e que pronomes usar.

As simplificações das regras gramaticais, quando ocorrem, são propositais. Não há sentido em transmitir ao aprendiz muitas regras e detalhes, se o seu objetivo é comunicar-se claramente e não se formar em estudos da língua. A omissão de muitos detalhes está fundamentada nessa crença e não é aleatória.

Finalmente, se puder deixar uma mensagem interessante e que seja a síntese do que desejo expressar, menciono a comparação que fiz durante uma sessão de *coaching* onde falávamos, meu *coachee* e eu, sobre estudar as palavras e a língua *versus* usar o que sabemos: as palavras são como os peixes. Assim como esses últimos morrem logo quando estão fora d'água, aquelas também fazem pouco sentido fora dos seus contextos. Com isso em mente, "para podermos nadar" e cumprir com nosso caráter de seres comunicativos, precisamos focar nossos contatos com o idioma em situações de uso real, por que apenas aí a língua é real. "Real", aqui, significa "ser relevante e ter importância para quem usa", seja através de texto lido ou escrito, e de fala, ouvida ou produzida. É a relevância de uso que produz os melhores aprendizados.

PARTE I

Estratégias para lidar com bloqueios e assegurar clareza e compreensão mútua em comunicações internacionais

É freqüente a ocorrência de mal-entendidos em comunicações mantidas com estrangeiros. Seguidamente você fala em um assunto e o interlocutor ou não entende ou ainda acredita que você está falando de algo bem diverso. Em comunicações corporativas isso pode ser apenas engraçado, mas também pode ser caro ou simplesmente catastrófico, dependendo do caso e de sua disposição em garantir que houve compreensão.

Importante: contrariamente ao que pode ser o pensamento popular, os mal-entendidos nas comunicações internacionais não ocorrem apenas por problemas lingüísticos. A menos que você entenda o termo "lingüístico" como significando a síntese de uma cultura, de um modo de pensar, se comportar e esperar determinados comportamentos dos outros, pois tudo isso tende a aparecer de alguma forma na linguagem. As estratégias a seguir estão relacionadas com dificuldades lingüísticas. Na Parte II, Aspectos importantes em relações interculturais corporativas, você encontrará informações que esclarecem sobre possíveis diferenças culturais que também podem afetar o resultado de suas comunicações.

1. RESOLVA DIFICULDADES RELACIONADAS AO DOMÍNIO DO IDIOMA

1.1 Simplicidade

Ser simples é uma garantia de compreensão. Ser simples também é manter-se em terreno seguro, pois com a simplicidade não nos aventuramos a utilizar palavras fora do nosso domínio estrito.

Ao propor o exercício da simplicidade e do "vocabulário seguro", tenho consciência de que estou andando na contramão do desenvolvimento tradicional. Virtualmente todos os métodos e orientações propõem ampliar e, depois, sofisticar o vocabulário na língua estrangeira. Ocorre que este livro tem a proposta primordial de resolver o problema das comunicações internacionais truncadas que acontecem constantemente, enquanto os aprendizes já estão estudando e aprendendo através da utilização dos métodos e orientações tradicionais. Considerando a grande oferta desses últimos, é razoável oferecer uma forma alternativa de tratar os famosos "brancos" que todos nós temos quando nos comunicamos em inglês.

Uma pequena reflexão sobre a trajetória de sofisticação das palavras pode nos ajudar muito a entender como simplificar nosso vocabulário para assegurar a clareza de nossa comunicação.

De um modo geral, a sofisticação do vocabulário tem como objetivo tornar mais precisa a informação fornecida. Sofisticar também serve a outras finalidades, como por exemplo passar adiante uma imagem de erudição e autoridade. Desnecessário dizer que é difícil fazer isso ao mesmo tempo em que é preciso dar conta da mensagem em si e da forma como ela é transmitida.

Em tempo: em português, ou em qualquer língua materna, o falante só precisa se preocupar com *o que* diz. O *como* ocorre natural e intuitivamente, com ocasional necessidade de procurar por uma palavra melhor, mais por capricho do que por falta do que empregar, seja no momento que for. Em inglês você precisa concatenar o tempo todo conteúdo e forma, sendo forma não só a escolha da palavra, como também onde ela entra na estrutura da frase e como ela é pronunciada. Ninguém que seja minimamente fluente vai parar para cumprir essas etapas, claro, mas o conjunto delas exige, sem dúvida alguma, muito mais do falante.

Então, diante do desafio que a comunicação em inglês representa por si só, melhor mesmo é se manter simples. Veja a seguir exemplos disso.

Se você estivesse falando português, poderia facilmente dizer:

*

Você poderia me informar sobre as tarifas de transporte aéreo para São Paulo?

Com palavras simples, essa frase fica:

Quanto é uma passagem de avião para São Paulo?

Qual das duas perguntas você está mais à vontade para formular em inglês? Observe mais dois exemplos abaixo e teste a sua condição de reproduzir essas mensagens em inglês. As simplificações fornecidas são apenas sugestões.

*

Será que o senhor poderia me fornecer alguns dados para que eu possa terminar de traçar as linhas gerais do projeto?

Pode me dizer mais algumas coisas para eu terminar a estrutura do projeto?

*

Vou requisitar a abertura de uma nova vaga de programador.

Vou pedir uma nova vaga de programador.

Como não temos condições de prever o que vamos dizer em cada situação, para fins de apresentação da estratégia é mais fácil trabalhar a simplificação a partir das próprias palavras, isoladamente, arranjando para elas sinônimos simples ou explicando o que significam. Observe os itens relacionados como exemplo e complete os demais, fazendo o mesmo nas Tabelas 1.1.2 e 1.1.3. Tenha sempre em mente que é o contexto que dá o significado final de uma palavra, e que esses exercícios se destinam a apresentar um recurso genérico, que pode ser amplamente modificado.

1.1.2 Exemplos de sinônimos com palavras básicas[1]

Escreva em cada ( ) o número que corresponde aos sinônimos para o termo em negrito.

1 Manufaturar, construir, produzir, criar, formar, fabricar, montar, compor, moldar, erigir...	( ) Pensar ⇨ **to think**
2 Questão, enigma, dificuldade, discordância, desacordo, assunto em discussão...	( ) Controle ⇨ **control**

[1] Para aprender o vocabulário básico essencial do inglês leia SCHUMACHER, Cristina. *Inglês: as 1.500 Palavras Indispensáveis*, Editora Campus. O livro traz um software com áudio para auxiliar na memorização. Para vocabulário de negócios: SCHUMACHER, Cristina e BARUM, Guilherme. *Inglês para Negócios*, Editora Campus. Contém o vocabulário por área, amplo, com exemplos e traduções.

3 Domínio, autoridade, supervisão, ficalização...	( ) Trabalho ⇨ **work**
4 Tarefa, empreitada, atividade, rotina, empreendimento, obra, atribuição...	( ) Problema ⇨ **problem**
5 Presentear, oferecer, doar, entregar, premiar...	( ) Fazer (comumente intelectual) ⇨ **to do**
6 Usar a cabeça, raciocinar, refletir, cogitar, ponderar, quebrar a cabeça, ter em mente...	( ) Ir ⇨ **to go**
7 Executar, realizar, conceber, preparar...	( ) Fazer (comumente físico) ⇨ **to make**
8 Dirigir-se, avançar, seguir, perseguir, continuar...	( ) Dar ⇨ **to give**
9 Instante, lapso, período, momento...	( ) Tempo ⇨ **time**
10 Valioso, de valor, excelente, correto, confiável, consciencioso, exemplar, puro, gentil, legal...	( ) Mau ⇨ **bad**
11 Pobre, inferior, ruim, terrível, abaixo da média, defeituoso, deficiente, imperfeito, falho, inadequado, sem valor, hostil, inútil, improdutivo...	( ) Bom ⇨ **good**
...	...

Respostas: (6) (3) (4) (2) (7) (8) (1) (5) (9) (11) (10)

1.1.3 Exemplos de explicações para palavras cuja tradução não ocorre no momento da fala

Ocorre muitas vezes de não termos a palavra certa e pararmos de falar ou corrermos para um dicionário em busca dessa palavra. Quando não houver tempo para isso, exercite sua capacidade de expressar conceitos e significados com suas próprias palavras, usando um vocabulário simples. Observe as sugestões a seguir. Lembre-se de que, falando, temos mais condições de explicar e somos menos exigidos em termos de acurácia e concisão.

*

"ambiente"

Tradução: **environment**

Explicação: **where we are/work/live**

Uso possível: No escritório, o ambiente é hostil. **It's not good where we work.**

*

"autoconfiança"

Self-confidence

when you don't fear that you don't know/you know things/you can do things

Às vezes me falta autoconfiança para falar inglês. **Sometimes I fear I don't know how to speak English.**

*

"comprometimento"

commitment

capacity to be emotionally involved and interested in what you do

Todo empregador espera que você tenha comprometimento no trabalho. **Employers need people with a capacity to be emotionally involved and interested in what they do.**

*

"lucro"

profit

money a company makes

O objetivo de uma empresa é ter lucro. **The objective of a company is to make money.**

...

1.2 Flexibilidade

Como já foi dito anteriormente, a didática tradicional do inglês, tanto genericamente orientada quanto para negócios, tem por objetivo ampliar seu vocabulário, introduzindo muitas expressões e novas palavras a cada lição ou página. Afinal, riqueza de vocabulário é um dos aspectos que tradicionalmente balizam o domínio do idioma.

Ocorre, porém, que as orientações didáticas aos profissionais que atuam diretamente nesse processo serão de maior auxílio se se voltarem para a construção do conhecimento do que de fato ouvem, falam, lêem e escrevem em inglês. Por quê?

Porque, na prática, você já deve ter observado que os montes de palavras novas e expressões interessantes que você aprende em aula tendem a sumir da sua memória quando você está, por exemplo, em uma *conference call* com outras 10 pessoas, cada uma ou duas em uma parte do mundo, e é sua hora de dizer alguma coisa. Todos estão ouvindo e, se o seu inglês não for absolutamente fluente – um dos motivos pelos quais, imagino, você comprou este livro – você fica nervoso. Precisa explicar por que um determinado processo não pode ser feito no Brasil do jeito que ele é feito na Bélgica, por exemplo. Como já dissemos, junto com o ato de falar inglês, que exige sua atenção para o vocabulário, a estrutura e a pronúncia, você ainda precisa fazer esclarecimentos, ou convencer, ou contra-argumentar...

Você tem, como procedimento, duas opções: insistir em decorar as tais palavras e expressões, o que vai tomar muito do seu tempo e tem uma chance grande de não funcionar, ou substituí-las pelo vocabulário simples que você já domina, que todo o mundo entende, é seguro de empregar e aumenta sua disponibilidade mental para falar do que precisa ser falado.

Para ilustrar, leia abaixo exemplos de expressões típicas nos Estados Unidos e sua equivalência em português do Brasil. São sugeridas formas de expressar a mesma idéia com outras palavras, mais acessíveis ao falante de inglês como segunda língua, que cumprem com o mesmo objetivo comunicativo.

Ao procurar soluções como as sugeridas aqui, você tem mais chances de garantir a compreensão do que procura comunicar, arriscando menos com a adoção de imagens imprecisas ou para as quais você não está (e, de fato, não precisa estar) habilitado a empregar.

Observe que expressões dificilmente podem ser traduzidas, pois na tradução elas não refletem o significado original e quase sempre soam como uma maluquice, sem contexto. A solução para casos assim é nos atermos à interpretação do que queremos dizer e fazer isso com nossas palavras.

*

Expressão em português: dar pau (computador, rede, sistema etc.)

Expressão equivalente em inglês: **crash**

Mensagem da expressão em português: "parar de funcionar"

Mensagem da expressão em inglês: **to stop functioning**

Aplicação: **We lose thousands of dollars every time the network stops functioning/crashes.** Perdemos milhares de dólares cada vez que a rede pára de funcionar.

*

estamos com a corda no pescoço

it's crunch time

"o prazo está próximo (de terminar)"

the deadline is near

Our deadline is near, we need to finish this project. Nosso prazo está próximo de terminar, precisamos terminar este projeto.

*

abrir a boca

spill the beans

"revelar segredos"

to reveal secrets

Dave got fired because he revealed secrets about the new product we were developing. Dave foi demitido porque revelou segredos sobre o novo produto que estávamos desenvolvendo.

Daqui para a frente, vá cobrindo as linhas abaixo da expressão apresentada para identificar as suas próprias soluções. Compare com as soluções fornecidas:

*

abriram-se as portas do inferno

all hell broke loose

"coisas muito ruins aconteceram"

very bad things happened

Very bad things happened when the server room flooded. Coisas muito ruins aconteceram quando a sala do servidor inundou.

*

vale mais a pena

more bang for your buck

"obter mais valor pelo seu dinheiro/investimento"

to get more value for your money/investment

Our product sells this much because the customer knows he gets more value for his investment. Nosso produto vende tanto assim porque o cliente sabe que obtém mais valor pelo seu investimento.

*

ir para o saco

go belly-up

"ir à falência/falir"

to go bankrupt/fail

After paying for all those lawsuits the company went bankrupt. Depois de pagar todas aquelas ações a empresa foi à falência.

*

ser dedo-duro

blow the whistle

"fazer uma denúncia/acusar alguém"

accuse someone

We accused John after we caught him stealing. Acusamos o John depois que pegamos ele roubando.

*

se ficar o bicho come, se correr o bicho pega

catch-22

"situação absurda"

an absurd situation

He couldn't get paid without an account, and he couldn't open an account without money. It was an absurd situation. Ele não podia ser pago sem ter uma conta, e não podia abrir uma conta sem dinheiro. Era uma situação absurda.

*

dar um alarme falso

cry wolf

"avisar erroneamente sobre perigo"

wrongly warn of danger/ give a false alarm

The press has wrongly warned of danger about monopolies so many times that nobody cares anymore. A imprensa avisou erroneamente sobre o perigo de monopólios tantas vezes que ninguém mais se importa.

*

Judas

Benedict Arnold/Judas

"traidor"

traitor

I can't believe that traitor took our secrets to the competition! Não posso acreditar que aquele traidor levou nossos segredos para a concorrência.

*

ficar ligado

keep on one's toes

"manter-se alerta"

stay alert

The new manager wants everybody to stay alert. It's getting stressful. O novo gerente quer que todo o mundo fique alerta. Está ficando estressante.

*

boca a boca

word of mouth

"recomendação por indivíduos"

recommendation by individuals

The company is relying on individuals recommending it to each other to promote the new gaming platform. A empresa está confiando que indivíduos recomendem a nova plataforma de *games* para promovê-la.

*

se a coisa ficar feia

if things get ugly/if push comes to shove

"se for necessário"

if it becomes necessary

If it becomes necessary, we will sue them for copyright infringement. Se for necessário, vamos acioná-los por quebra de direito autoral.

*

think outside the box

"ser mais criativo"

be more creative

Our engineers need to be more creative if we really want to compete. Nossos engenheiros precisam ser mais criativos se realmente quisermos competir.

*

put your game face on

"concentrar-se no trabalho"

focus on the work

There is still a lot to do, so focus on your work. Ainda há muito o que fazer, por isso concentre-se no trabalho.

*

burn the midnight oil

"trabalhar hora extra"

work overtime

We're finishing this presentation tonight, even if it means working overtime. Vamos terminar esta apresentação hoje à noite, mesmo que signifique trabalhar hora extra.

*

break a leg!

desejo-lhe sucesso

I wish you success

I wish you success with the presentation. Desejo a você sucesso com a apresentação.

1.2.1 Capacidade interpretativa

Aprenda a interpretar tantas palavras e expressões complexas quantas puder. Se você evitar usar vocabulário que não domina plenamente, estará atuando sobre um lado da comunicação apenas. Quer dizer, você não controla o que os outros dizem, e eles são livres para falar com a complexidade que desejarem. E agora?, você se pergunta.

Felizmente, existe uma diferença entre o que você pode interpretar e o que consegue de fato usar quando fala ou escreve. Ou seja, é natural que o número de palavras e expressões que você emprega seja bem mais restrito do que o que é capaz de compreender. Isso ocorre com o português também, mas você não se dá conta porque é tudo mais intuitivo. E com o inglês há o agravante de que existem muitas palavras e expressões que você simplesmente não entende, porque nunca ouviu.

E aí está a resposta para a pergunta que encerra o primeiro parágrafo: para conseguir interpretar bem o inglês que ouve e lê você precisa ouvir e ler muito inglês.

Liberte-se da noção de que precisa decorar todas as palavras novas que aprende, mas prenda-se à lógica de que a única estratégia razoável para ampliar seu conhecimento da língua é sua exposição regular e continuada a ela.

Para facilitar, estabeleça rotinas de contato: um parágrafo por dia, um minuto de notícias todas as manhãs etc. Acesse várias fontes para isso, pois a variedade é fundamental.

Sites clássicos estão listados a seguir, mas o fato é que com os recursos de busca do Google tudo que não estiver completamente ajustado às suas necessidades, através de buscas caso a caso, é obsoleto e desinteressante.

http://www.guardian.co.uk/
http://www.nytimes.com/
http://www.washingtonpost.com/

http://www.time.com/time/
http://www.newsweek.com/
http://wap.cbsnews.com/

http://www.bbc.co.uk/worldservice/index.shtml
http://www.npr.org/

http://www.bbc.co.uk/webwise/course/index.shtml
(curso de navegação na Internet para iniciantes)

www.bbc.co.uk/worldservice/learninenglish

1.2.2 Evite sofisticar

Você é um profissional estabelecido e sua maneira de falar em português, quando se comunica com seus pares, mostra isso muito bem. Você sabe todos os termos técnicos da sua área e é específico e técnico na medida que sua formação indica. E exatamente por causa disso, você não faz qualquer escolha consciente de facilitar sua vida na hora em que vai se comunicar em inglês: quer manter tudo, mesmo que custe uns quatro ou cinco "**I don't know how to say...**" ou o famoso "**what's the name of...**" e explica, explica, para ver se o seu interlocutor consegue achar a tal palavra.

Se você não está seguro da sua escolha de termos ou ainda não sabe a palavra certa, o que tem a fazer? Desistir de se comunicar não será uma opção. Tempo para o dicionário também não, que dirá ligar para o professor para perguntar. Pode cutucar o colega ao lado, se houver um, e perguntar, mas há o risco dele tampouco saber...

Retome o conteúdo do item 1.1.2, referente à simplificação, porém agora com foco específico na sua preocupação com manter uma imagem condizente com seu nível profissional, social etc. Tenha em mente que simplificando você terá menos imprecisões em sua comunicação. E que isso, por si só, irá fortalecer sua imagem como bom profssional.

1.3 Conferindo a compreensão

Se os seus conhecimentos de inglês estão encaminhados a ponto de você conseguir trocar idéias, mas faltam naquele ponto em que a expressão ou termo exato não lhe ocorre, você pode:

Explicar diretamente aquilo a que você se refere, em vez de buscar o termo exato, como proposto nos itens anteriores. A comunicação fica mais longa, mas funciona bem sem a necessidade de constantemente pedir ao outro que ache palavras para você.

Pedir ao outro que repita a você o que entendeu, informando que seus conhecimentos de inglês exigem esse tipo de cuidado. Sugestões de falas nessas horas estão listadas a seguir. Todas as falas podem ser antecedidas de "**I'm sorry**". Observe que a entonação é fundamental. Você busca esclarecimento, não confronto.

Speaking too fast Falando rápido demais

(A little) slower please. (Um pouco) mais devagar, por favor.

Could you (please) speak (a little) slower? Você poderia (por favor) falar (um pouco) mais devagar?

Could you (please) speak (a little) slower for me? Você poderia (por favor) falar (um pouco) mais devagar para mim?

Could you repeat that (a little) slower? Você poderia repetir isso (um pouco) mais devagar?

Could you slow down (a little)? Você poderia reduzir (um pouco) a velocidade?

Repetition Repetição

What was that? Como foi?

What was that again? Como foi mesmo?

Could you say that again? Você poderia dizer isso de novo?

Could you say that one more time? Você poderia dizer isso mais uma vez?

I missed that. Could you say it again? Perdi isso. Poderia dizer de novo?

I didn't catch that. Could you repeat it, please? Não peguei isso. Poderia repetir, por favor?

I didn't catch that. Could you say that again? Não peguei isso. Poderia dizer de novo?

Rephrasing Reformulando

Let me try again. Deixe-me tentar novamente.

Let me rephrase. Deixe-me reformular.

Let me put this another way... Deixe-me dizer isso de outra forma...

Requesting rephrasing Solicitando reformulação

What do you mean by _____? O que você quer dizer com _____?

I don't see what you mean. Could you explain it again? Não entendo o que você quer dizer. Você poderia explicar de novo?

I'm not sure what you mean. Can you tell me again? Não estou certo do que você quer dizer. Pode me falar de novo?

I don't quiet understand what you mean by ____? Não entendo bem o que você quer dizer com ______?

Clarifying Esclarecendo

Could you explain that for me? Você poderia explicar isso para mim?

Could you give me an example? Você poderia me dar um exemplo?

Could you spell that for me, please? Você poderia soletrar isso para mim, por favor?

Checking if you were understood Conferindo se você foi compreendido

Do you understand what I mean? Você entende o que eu quero dizer?

Do you understand what I am saying? Você entende o que eu estou dizendo?

Do you understand what I am trying to say? Você entende o que eu estou tentando dizer?

Do you understand what I am getting at? Você entende onde eu quero chegar?

Do you see what I mean? Você percebe o que eu quero dizer?

Do you see what I am saying? Você percebe o que eu estou dizendo?

Do you see what I am trying to say? Você percebe o que eu estou tentando dizer?

Do you see what I'm getting at? Você percebe onde eu quero chegar?

Checking that you understood Verificando se você compreendeu

Do you mean that ____? Você quer dizer que _____?

Are you saying that ____? Você está dizendo que _____?

Are you trying to say that ____? Você está tentando dizer que _______?

General statements of misunderstanding Formas genéricas de expressar mal-entendidos

I don't understand. Não entendo.

I am afraid I don't quiet understand. Acho que não entendo.

That's not what I meant. Não é isso que eu quero dizer.

I'm afraid you don't understand what I'm saying. Acho que você não entende o que eu estou dizendo.
I'm afraid I wasn't clear. Acho que não fui claro.
I didn't quiet get you. Não entendi você bem.

1.2.3. Parafraseie

Você diz que não foi entendido ou que não entendeu e por certo terá de ouvir e dizer de novo alguma coisa. Nesse caso, é importante você buscar falar de outra maneira o que foi dito antes. Lembre-se de que falando temos muito mais liberdade de buscar termos alternativos e que nessas horas valem sinônimos, mas também exemplos do que você deseja expressar.

Se precisar tomar o tempo dos outros com esses esforços de compreensão, vale lembrar – e vale lembrar aos outros – que você está falando uma segunda língua. Ou seja, a impaciência de falantes nativos de inglês poderia, nessas horas, ser aplacada com o fato de que você fala duas línguas ao passo que seus interlocutores falam apenas uma. Na pior das hipóteses, você está mais desenvolvido...

Sintetizando, as estratégias para lidar com bloqueios e assegurar clareza e compreensão em comunicações internacionais em inglês são três: (1) simplicidade, (2) reformulação, (3) verificação da compreensão.

PARTE II

Aspectos importantes em relações interculturais corporativas

Sem fazer qualquer juízo de valor com relação a essa ou àquela cultura, o fato é que é longo e cheio de surpresas o caminho da alfabetização intercultural. Ou seja, para se comunicar bem com pessoas de outras culturas é importante saber o que nelas é visto e pensado de forma diferente da nossa, e essas diferenças são muitas vezes surpreendentes. Informações importantes sobre a forma como outros povos pensam e vêem o mundo muitas vezes não são dadas. Por outro lado, você pode não ter disponibilidade para fazer essas pesquisas e obter essas informações em tempo hábil, ou pode simplesmente não querer fazer isso por causa da quantidade de outras coisas que sempre tem a fazer.

Existem livros inteiros apenas sobre relações interculturais.[1] O que proponho aqui é uma espécie de ABC para as relações interculturais no trabalho, pensando na interação entre várias culturas. Listo a seguir tópicos relevantes cuja observância contribui para, se não aproximar profissionais de culturas diferentes, pelo menos não afastá-los por desconhecimento do que poderia afetar negativamente suas relações.

E se você porventura se pergunta o que isso teria a ver com conhecimentos de inglês, considere que existem pessoas com bom domínio do idioma que têm grande dificuldade de integração e pessoas com poucos conhecimentos que conseguem se relacionar muito bem com seus pares de outras culturas. Ou seja, saber integrar-se com pessoas de outras culturas é uma parte essencial da comunicação.

[1] Para citar um: SEBBEN, Andrea e DOURADO FILHO, Fernando. *Nortes da bússola: encontrando o caminho nas negociações com culturas estrangeiras*. Editora Artes & Ofícios, 2005.

Falar uma segunda língua vai além de conhecimentos lingüísticos em si para abranger a postura, a atitude de seus falantes.

Em tempo: as observações aqui contidas são pensadas para relações profissionais.

1. PONTUALIDADE E RESPEITO A CRONOGRAMAS

Por certo não somos o único povo a olhar o relógio com margem para atrasos embutida, nem os únicos a olhar o calendário de entrega de etapas de um projeto com folgas imaginárias. Por outro lado, para ficarmos seguros de que estamos agindo corretamente na percepção de nossos colegas estrangeiros, melhor mesmo é não nos atrasarmos. N-ã-o nos atrasarmos significa, realmente, cumprir os horários, num caso, e as datas, no outro. Como isso é muito difícil para muitos de nós, podemos tratar horários marcados como acontecendo 15 minutos antes e cronogramas de um modo geral com alguns dias de antecipação. Aí temos uma margem para operar...

E se os outros se atrasarem? Bem, aí encontramos nossos pares – o que nesse caso deve servir só para fins de catálogo de hábitos culturais mesmo.

2. PIADAS POLITICAMENTE CORRETAS

O terreno de piadas é escorregadio. Aquilo de que nós rimos pode não ter a mínima graça para outros povos, e vice-versa. É claro que rir é a melhor receita para aproximar as pessoas e estabelecer um contato inicial positivo, mas errar o alvo – ou seja, falar algo que os outros não encaram como engraçado – pode ser catastrófico. E como os assuntos primordiais para piada (sexo, política, raça etc.) de um modo geral concentram opiniões intensas, não é muito difícil dizer coisas "sem graça". Não estou fazendo a apologia da seriedade, mas um sorriso (quando pode ser visto) ou um comentário breve sobre o clima é bem menos capaz de produzir armadilhas interpretativas e faz bem o papel de começar uma conversa.

Ainda existem aqueles casos em que queremos fazer graça, simplesmente. Quando não chega a ser uma piada inteira, apenas um gracejo. Há que cuidar, nessas horas, para não "traduzir" uma imagem culturalmente significativa que não faz sentido em outro contexto cultural. Por exemplo: um colega americano estava tentando fazer contato com um executivo de uma empresa que contratou a LInCA, a consultoria na qual trabalho, para uma entrevista de avaliação do seu inglês. Ocorre que estava difícil achar o executivo e foram necessários muitos telefonemas. Quando ele finalmente atendeu, e talvez um pouco embaraçado por toda a dificuldade de contato, ele disse: "**Oh, now you found me! It's going to rain!**" O entrevistador, como disse, um americano, veio comentar conosco depois que achou curioso que tal pessoa entrevistada tinha feito uma observação entusiasmada sobre a chuva que viria, e ele, claro, não entendeu.

3. VIDA PÚBLICA X PRIVADA

Somos, nós brasileiros, muito afetuosos. Digam o que quiserem, somos mesmo. Tudo logo pode ser usado no diminutivo, "tempinho", "reuniãozinha", "momentinho", "segundinho", "carinha"... e mesmo que não seja afeto que esteja por trás, isso representa uma intimidade que temos com as coisas. E por conseguinte com as pessoas. Somos imediatamente íntimos. Falando com clientes e parceiros ganho beijos toda hora... E mando também. Tudo bem, não é uma reclamação. Mas não vá mandar beijos para um alemão. Ou abraçar um belga depois de uma reunião na qual tudo deu muito certo entre as partes... Ou seja, embora cruzemos com desenvoltura a tal fronteira entre o público e o privado, tocando uns aos outros nos braços e ombros, por exemplo, ou chegando muito perto ao falar, para pessoas de outros povos isso pode ser um desconforto de dimensões bastante perturbadoras. Claro, tem culturas onde homens se beijam. E tem culturas onde certas pessoas não se olham nos olhos, por significar desrespeito. Então, aplica-se aqui a regra que vem se formando nos itens anteriores – ser **cool**, nem muito isso, nem muito aquilo. Evitar tocar. Estabelecer um limite físico que tem de ser mantido para o outro não ficar inseguro quanto ao que faremos depois do abraço inesperado...

Se tocar é uma questão que merece menção por representar uma diferença de comportamento importante entre culturas, também o será comentar sobre questões privadas de toda a sorte: brigas, paixões, detalhes de mal-estares físicos, particularidades do funcionamento corporal etc. Desnecessário acrescentar que perguntar sobre questões privadas tampouco será uma boa idéia. **Did you have a nice flight/meal/trip**? ou **Is your hotel ok**? são perguntas infalivelmente adequadas, quando cabem.

4. ESCOLHAS RELIGIOSAS E POSTURAS MORAIS

Em um mundo onde as diversidades estão mais aparentes, uma vez que existem menos fronteiras demarcando hábitos e visões de mundo, não será exatamente difícil se deparar com alguém de quem a gente discorda. Crenças que podem nos parecer absurdas são legítimas para alguns. Não será boa idéia achar graça, nem apelar para a racionalidade científica. E embora a tentativa de diálogo seja algo louvável nas relações humanas, não será com um fundamentalista qualquer com quem você negocia a exportação de um lote de peças de motor que você deverá buscar exercitar sua capacidade de argumentar racionalmente.

5. ROUPAS E INSCRIÇÕES

Está tão incorporada à nossa cultura imprimir dizeres em inglês em peças do vestuário que sequer notamos mais o que está escrito. Isso significa que podemos andar por ai promulgando coisas singelas como "**Be well, live well**" até "maluquices" como

"*Girls cats fits boom*" ou o que for. Não vamos deixar de usar nossos moletons e camisetas, mas um olhar especial para a inscrição da hora não será má idéia, se estivermos trabalhando para criar uma boa impressão e estabelecer uma relação igualitária. (O que você pensaria se estivesse em uma sala de reuniões com uma pessoa em cuja jaqueta estive escrito, nas costas "Me dê seu amor!"?)

6. ESCOLHAS POLÍTICAS E PATRIOTISMO

Vale aqui o mesmo que foi dito para escolhas religiosas, com a diferença de que aqui ainda é mais fácil escorregar para uma discussão. Atenção redobrada, portanto, será necessária. Principalmente na hora do jantar de confraternização e eventos nos quais a conversa fica solta, sem a obrigatoriedade de um assunto, como ocorre nos contatos profissionais em horário de trabalho.

7. ORIENTAÇÃO SEXUAL

Existe uma forte tendência ao tradicional no mundo corporativo. Além de ser universalmente aceita e não gerar comentários que não sejam os corporativamente desejados (de sucesso, portanto), a linguagem do tradicional e, de certa forma, do clássico, não levanta bandeiras. São tons de cinza, por assim dizer. Ficam bem em qualquer ambiente. Mas, aproveitando a imagem, temos as cores do arco-íris.[2] Não ficam bem em qualquer ambiente, mas quem se importa? É muito mais razoável evitar comentar sobre as orientações sexuais de A, B ou C, tendo tantos outros assuntos no mundo para abordar, pois além do sectarismo que o comentário em si pode invocar ainda existe a possibilidade de seu interlocutor ter a mesma orientação sexual de A, B ou C, de quem se falava agora há pouco.

8. INTERRUPÇÕES, OBJETIVIDADE, ESTILOS DE NEGOCIAÇÃO E ORGANIZAÇÃO DO DISCURSO

Não interrompa. Não fale infinitamente.

Quem já não participou de uma reunião de condomínio onde o vizinho conta a história da sogra num minucioso e arquitetado caminho de informações aparentemente desconexas para chegar até a goteira no corredor do 3º andar? É um exagero, mas é verdade. No Brasil, temos um estilo circular de expor as coisas, e até o momento final de um relato ou exposição podemos não estar deixando clara a relação entre o que está sendo dito e o que se espera que seja dito. Começamos as histórias antes daquele ponto onde elas claramente confluem para o assunto em foco. E ocorre que outras

[2] Estou fazendo referência às cores do arco-íris, adotadas para representar o termo **gay-friendly**, cunhado nos Estados Unidos para designar simpatia e reconhecer direitos de lésbicas, gays e bissexuais.

pessoas, com outros estilos de exposição e negociação, não só não entendem o que estamos fazendo como podem se sentir ofendidas com nossa falta de objetividade.

Numa relação comercial e profissional é interessante estarmos equiparados em poder com nossos interlocutores para garantir que podemos ser naturalmente quem somos. O outro que se adapte. Porém, no mundo globalizado, com tantas opções de mão-de-obra e **outsourcing**, ou terceirização, feliz ou infelizmente talvez tenhamos de tentar se não agradar, então pelo menos nos adaptar. Ser objetivo por certo está incluído no processo de convencimento dos benefícios da nossa contratação.

Aplique a técnica dos 5W e 1H[3] ao seu próprio discurso, para objetivá-lo. Ou, se quiser algo mais literário, mas que serve a mesma finalidade, decore os versos de Kipling:

I have six faithful serving men / Tenho seis servos fiéis
They taught me all I knew / Me ensinaram tudo que eu sei
Their names are What and Where and When / Seus nomes são O Que e Onde e Quando
And Why and How and Who / E Por quê e Como e Quem

[3] **What** – o quê?; **Who** – quem?; **Where** – onde?; **When** – quando?; **Why** – por quê?; **How** – como?

PARTE III

Erros freqüentes em comunicações internacionais corporativas

ESTRUTURA

1. *always that I have a problem* – "Sempre que" não é expresso com **always** ➪ **Every time I have a** problem

Inglês		Português
☹	☺	
always that I have a problem	**every time I have a problem/ whenever I have a problem**	sempre/toda vez que eu tenho um problema quando quer que eu tenha um problema
always that I have to answer some e-mails	**every time that I have to answer some e-mails/whenever I have to answer some e-mails**	sempre/toda vez que eu tenho de responder a alguns e-mails quando quer que eu tenha de responder alguns e-mails
I don't mind receive them always they need.	**I don't mind receiving them every time they need (me to).**	Não me importo de receber eles sempre que precisarem.

Como é...	
em inglês:	***em português:***
▪ **Always** é um advérbio e expressa uma freqüência. ▪ **That** é uma conjunção que não se combina com advérbios. ▪ A expressão da freqüência com que algo é feito para designar um acontecimento relacionado é **every time (that)**, literalmente, "cada vez que" ou "toda vez que". ▪ **Whenever** pode sempre ser usada para expressar "sempre que".	▪ "Sempre" é um advérbio e expressa uma freqüência. ▪ "Que" é uma conjunção que se combina com vários advérbios, "nunca que (enfático)", "evidentemente que", "quase que"... ▪ "Sempre" + "que" forma um conector para expressar freqüência. ▪ "Cada vez que" ou "Toda vez que" é um sinônimo para "sempre que".

Para evitar o erro:
▪ Pense em **always** como a expressão de uma freqüência isolada, pois não pode ser combinado com **that**. ▪ Equalize "sempre que" com "toda/cada vez que" e aí você pode traduzir para chegar mais diretamente a **every time** ou mesmo **each time.**

O que mais você deve saber:

question word + –ever

Pode ser sempre traduzido por **question word** + "quer que". Não é um uso comum em português, mas pode funcionar como uma chave:

Do whatever you desire. Faça o que quer que você deseje./o que desejar.

Come whenever you can. Venha quando quer que possa./puder.

However[1] it's going to be. Como quer que seja./for.

Whoever chooses to stay will be rewarded. Quem quer que escolha/Quem escolher ficar será recompensado.

Wherever you go you have to stay alert. Onde quer que você vá/for você tem de ficar atento.

EXERCÍCIOS

Traduza as frases a seguir:

1. Em uma empresa grande sempre há oportunidade de promoção.
2. Os resultados finais são diferentes cada vez que nós mudamos o método de chegar até eles.
3. Sempre que a negociação envolve uma venda, é importante conseguir um bom preço.
4. Com esse sistema, o empregado é compensado todas as vezes que termina uma tarefa.
5. Você deve sempre considerar a segurança em todas as suas atividades.
6. Nós somos surpreendidos com os lucros sempre que nós recebemos os relatórios.

RESPOSTAS

1. **In a big company there is always an opportunity for a promotion.**
2. **Final results are different every time (that) we change the method of arriving at them.**
3. **Whenever/Every time (that) the negotiation involves a sale, it is important to get a good price.**
4. **With this system, the employee is rewarded whenever/every time (that) he completes a task.**
5. **You should always consider safety in all your activities.**
6. **We are surprised with the profit whenever/every time (that) we receive the reports.**

[1] **However** também expressa contraste: **The best price, however, may not represent the best deal.** O melhor preço, contudo, pode não representar o melhor negócio.

2. *to work like a black belt* – "Como" pode ser **as, such as, like, how** ⇨ **to work as a black belt**

Inglês		Português
☹	☺	
to work like a black belt	**to work as a black belt**	trabalhar como **black belt**[2]
I started like an intern.	**I started as an intern.**	Comecei como estagiário.
We have good resources as equipment, as the physic environment.	**We have good resources like/such as equipment and physical environment.**	Temos bons recursos como equipamento e ambiente físico.
how I told you	**as/like I told you**	como falei a você

Como é...	
em inglês:	***em português:***
Para fins de compreensão desse uso, ■ **as** costuma significar "na condição de" "seguindo o exemplo de", "quando"; ■ **like** costuma significar "à semelhança de"; ■ **how** costuma significar "a forma como"; e ■ **such as** introduz uma exemplificação.	■ **as, like, how** e **such as** são traduzidos por "como".

Para evitar o erro:

- De um modo geral, você pode aplicar as traduções dadas, substituindo seu "como" em português, para identificar qual das quatro alternativas empregar. Isso não é muito prático, pois às vezes é preciso fazer alterações, mas pode servir para fins de esclarecimento na maioria dos casos.
- Observe os usos dessas palavras e, se quiser, aprenda esses versos

As I told you / Como eu disse a você
How do you think I felt? / Como acha que eu me senti?
Working as a black belt? / Trabalhando como **black belt**?
I worked like a beaver, unstopped by / Trabalhei como um castor,[3] não impedido por
Problems such as a down server or fever. / Problemas como servidor fora do ar ou febre.

[2] Dentro do método Seis Sigma para redução de erro e aumento de receita, o título de **black belt** é dado a quem obteve experiência e produziu resultados, sendo capaz de abordar problemas complexos e fornecer o treinamento correspondente.
[3] Na verdade, em português diríamos "como um burro" mesmo.

O que mais você deve saber:

As também é usado para fazer comparações de mesma intensidade:

I was as interested in the subject as could be.
Estava tão interessada quanto possível no assunto.

The new CEO sounded as cold as ice.
O novo presidente pareceu/soou frio como gelo. (tão/tanto...quanto)

EXERCÍCIOS

Preencha as lacunas com **as**, **like**, **how** e **such as**, conforme adequado:

1. **I started ___ a Product Analyst.**
2. **He works ____ an engineering trainee.**
3. **I worked at that company ____ an instructor.**
4. **I started ____ a trainee.**
5. **We solve problems ____ a team.**
6. **I need us to work ____ a team.**
7. **All work routines, ________ planning and forecasting, are important.**
8. **We also have branches in other continents, _______ North America and Europe.**
9. **I need to speak English _____ you.**
10. **They participated ____ listeners.**
11. **I believe that they would describe me ____ a good co-worker.**
12. **Things got easier ____ time went by.**
13. **I don't understand ____ you can buy that idea of cost-free refurbishing services.**
14. **_____ could you not see the sign saying "dead end street"?**

RESPOSTAS

1. as
2. as
3. as
4. as
5. as
6. as
7. such as/like
8. such as/like
9. like
10. as
11. as
12. as
13. how
14. How

3. *The goal is learn* – O verbo não conjugado exige **to** ⇨ **the goal is to learn**

Inglês		Português
☹	☺	
The goal is learn.	**The goal is to learn.**	O objetivo é aprender.
My plan is practice more often.	**My plan is to practice more often.**	Meu plano é praticar mais seguidamente.
Then I had time for learn.	**Then I had time to learn.**	Então eu tinha tempo para aprender.
Is necessary read the reports everyday.	**It's necessary to read the reports everyday.**	É necessário ler os relatórios todos os dias.

Como é...	
em inglês:	***em português:***
▪ Os infinitivos são marcados com **to.**	▪ Os verbos no infinitivo terminam em –ar, –er, –ir ou –or e são uma palavra só.

Para evitar o erro:
▪ Entenda que o sinal do infinitivo em português, –ar, –er, –ir ou –or equivale a **to.**

O que mais você deve saber:

De um modo geral, obtemos o mesmo resultado estrutural usando –**ing** no verbo:

To study harder is important.
Studying harder is important.
Estudar mais é importante.

Alguns verbos exigem que os verbos que os seguem apareçam com –**ing**. Por exemplo: **start, keep (on), stop*, begin** etc.**

Alguns verbos exigem que os verbos que os seguem apareçam com to:
want, like, try, seem, begin* etc.

*Alguns verbos são seguidos de ambas as formas.

** **Stop doing something** é parar de fazer alguma coisa; **stop to do something** é parar para fazer alguma coisa.

Mas um verbo no infinitivo, representando um ato (**Studying/to study**) ou uma ação sem um realizador e fora do tempo (**I need to study**) nunca será corretamente empregado em inglês se aparecer na sua forma base (**study**).

EXERCÍCIOS

Traduza as frases a seguir:

1. É bom trabalhar aqui.
2. Nós precisamos concentrar nossas ações na redução de custos.
3. Eu faço o meu melhor para desenvolver minhas habilidades gerenciais.
4. Se você trabalha muito, você pára de estudar.
5. Preciso parar de fumar.
6. Exportar não é um problema.
7. Ter qualidade de vida pode significar simplesmente ter tempo para fazer nada.
8. O nosso chefe gosta muito de nos dar *feedback*.
9. Ele tenta resolver problemas de todos os tipos aqui na empresa.
10. O que eu gosto de fazer é gerenciar pessoas.

RESPOSTAS

1. **It's good to work here.**
2. **We need to concentrate our actions on cost reduction.**
3. **I do my best to develop my managerial skills.**
4. **If you work a lot, you stop studying.**
5. **I need to stop smoking.**
6. **Exporting/to export is not a problem.**
7. **To have/Having quality of life can simply mean to have time to do nothing.**
8. **Our boss likes to give/giving us feedback a lot.**
9. **He tries to solve all kinds of problems here in the company.**
10. **What I like to do/like doing is to manage people.**

4. *For the people can buy the computers* – "Poder", no infinitivo, não é **can** ⇨ **For the people to be able to buy computers**

Inglês		Português
☹	☺	
For the people can buy the computers.	**For the people to be able to buy computers.**	Para as pessoas poderem comprar computadores.
I hope that next months, I can improve my English.	**I hope that in the next months, I will be able to improve my English.**	Espero que nos próximos meses eu possa melhorar meu inglês.
Have many things we need to know in order we can set up the upgrade.	**There are many things we need to know in order (for us) to be able to set up the upgrade.**	Tem muitas coisas que precisamos saber para podermos configurar a atualização.
With this tool we will can have more reliable KPIs.	**With this tool we will be able to have more reliable KPIs[4].**	Com esta ferramenta nós vamos poder ter indicadores mais confiáveis.

Como é...	
em inglês:	***em português:***
▪ **can** é apenas "(eu) posso" "(você/ele/ela) pode" "(nós) podemos" "(vocês/eles/elas) podem" ▪ "poder", a forma infinitiva, é **be able to** ▪ "podia", por exemplo, será **was able to** (ou **could**) ▪ "poderá", **will be able to** ▪ "poder", o substantivo, é **power** ou **might**	▪ "Poder" é tanto a forma do verbo no infinitivo quanto o substantivo ▪ Não existe um verbo cujas formas mudem radicalmente, como é o caso de **can** para **be able to.**

Para evitar o erro:
▪ Uma vez que **can** e **is/was/were/**etc. **able to** podem ser considerados sinônimos, você pode procurar usar **be able to** em suas várias formas com mais freqüência. ▪ Substitua **can** por **be able to** nos diversos tempos verbais para adquirir o hábito de empregar a expressão.

[4] Key Performance Indicators

O que mais você deve saber:

Se você usar um modal junto com a idéia de poder, como **must**, **should** etc., é **be able to** que vai aparecer:

I must **be able to understand all these basic rules.**
Eu devo poder/ser capaz de compreender todas essas regras básicas.

You should be able to finish the report by Monday.
Você deveria poder terminar o relatório até segunda-feira.

be able to = ser capaz de

may pode ser usado no lugar de **can**, de um modo geral quando se deseja expressar possibilidade, mas nunca habilidade:

Você pode estar certo. **You may be right.**

Você pode atingir a meta de vendas. **You may reach the sales goal.**

EXERCÍCIOS

Traduza as frases a seguir:

1. Eu sei que posso resolver esse pedido em aberto.
2. Com este programa nós vamos poder rastrear qualquer encomenda enviada por sedex.
3. Você pode conferir o número do pedido para mim?
4. Eu não pude acreditar que ele foi demitido.
5. Como ele teria podido acreditar nisso?
6. Ela só vai poder conferir suas horas de trabalho quando voltar.
7. Eles talvez possam encontrar uma solução para o dilema.
8. As organizações são estruturas de poder.

RESPOSTAS

1. **I know that I can solve (the problems that are causing this) this unfulfilled order.**
2. **With this program we will be able to track any parcel sent via courier.**
3. **Could you check the order number for me?**
4. **I could not believe he was fired.**
5. **How could he have believed this? / How would he have been able to believe this?**
6. **She will only be able to check your work hours when she comes back.**
7. **They may be able to find a solution for the dilemma.**
8. **Organizations are power structures.**

5. *to don't have stress* – Negar no infinitivo ocorre sem **don't** ➪ **not to get stressed**

Inglês		Português
☹	☺	
to don't have stress	**not to get stressed**	não ficar estressado
I make efforts to not be affected.	**I made an effort not to be affected.**	Fiz um esforço para não ser afetado.
We try to not do mistakes.	**We try not to make mistakes.**	Tentamos não cometer erros.
Iit's very easy to not to work on pressure.	**It's very easy not to work under pressure.**	É muito fácil não trabalhar sob pressão.

Como é...	
em inglês:	***em português:***
▪ **not** + infinitivo = **not** + **to** + forma base ▪ **don't** não indica infinitivo	▪ não + infinitivo

Para evitar o erro:
▪ memorize a ordem **not + to**

O que mais você deve saber:

Qualquer tempo terá sua forma no infinitivo, e esse infinitivo poderá ser negativo:

to do – fazer

not to do – não fazer

to have done – ter feito

not to have done – não ter feito

to be doing – estar fazendo

not to be doing – não estar fazendo

etc.

EXERCÍCIOS

Complete as lacunas com o infinitivo negativo:

1. **I prefer ___________ that he failed. (to say)**
2. **It is impossible ______________ in contact with one's co-workers. (to be)**
3. **They decided ___________ a new computer. (to buy)**
4. **I prefer ____________ more for that. (to pay)**
5. **He speaks very little in order ___________ mistakes.(to make)**
6. **Concerning extra working hours, we think that it is best ______________ in the office after 7pm. (to stay)**
7. **It's funny. They pretend ___________ anything at all when in fact they do a lot. (to be doing)**
8. **___________ more time was a big mistake. (to have requested)**

RESPOSTAS

1. **not to say** / não dizer
2. **not to be** / não ser
3. **not to buy** / não comprar
4. **not to pay** / não pagar
5. **not to make** / não fazer
6. **not to stay** / não ficar
7. **not to be doing** / não estar fazendo
8. **Not to have requested** / não ter requisitado

6. *it's finish or no?* – como negar dentro das frases? ➪ **Is it finished or not?**

Inglês		Português
☹	☺	
It's finish or no?	**Is it finished or not?**	Está ou não terminado?
A benefit no for me, for everybody.	**A benefit not (just) for me, (but) for everybody.**	Um benefício não apenas para mim, mas para todos.
Output no, input.	**Not output, input.**	Não saída de dados, mas entrada de dados.
No paying sufficient money create motivation problem.	**Not paying enough money creates motivation problems.**	Não pagar dinheiro suficiente cria problemas de motivação.

Como é...	
em inglês:	***em português:***
▪ **No** serve para indicar desacordo e negar pedidos ou perguntas; abre frases negativas. ▪ **No** também indica a ausência de alguma coisa, não sua negação: **no time, no money, no patience.** ▪ **Not** indica negação em todos os outros casos. ▪ **Not to know** "não saber", **not interesting** "não interessante", **not by car** "não de carro".	▪ **not** e **no** são traduzidos por "não".

Para evitar o erro:

- Lembre-se: **No, it's not as simple as** "não".

O que mais você deve saber:

No para indicar ausência antes de substantivos é expresso como **any** em frases em que já apareceu alguma forma de negação:

I have no time for this. Não tenho tempo para isso. (mais enfático)

I don't have any time for this. Não tenho tempo para isso.

I have seen no matter teleportation device. Não vi um dispositivo de trasmigração da matéria.

I have never seen any matter teleportation device. Nunca vi um dispositivo de trasmigração da matéria.

O mesmo é válido para o uso de **nobody** e **anybody**. (Any também significa "qualquer", "quaisquer").

EXERCÍCIOS

Complete com **no**, **any** ou **not**:

1. **This is ____ an order form.**
2. **I don't have ____ idea what they want.**
3. **Nobody knows why there is ____ one single plastic cup left by the drinking fountain.**
4. **____, it's not only an answer that is expected from you. We need you to do something.**
5. **Anyone could guess that password. It's ____ difficult at all.**
6. **The shop floor personnel said it's ____ dangerous to walk here. But still, remember we have ____ helmets on.**
7. **I take ____ pleasure in ____ staying with my family on the weekends, but my current job leaves me with no choice.**
8. **It can be ____ day, except Tuesday.**
9. **Come on, 'no time' is ____ an excuse!**
10. **When I said '____ time' I did ____ mean to give you an excuse.**

RESPOSTAS

1. **not**
2. **any**
3. **not**
4. **No**
5. **not**
6. **not / no**
7. **no, not**
8. **any**
9. **not**
10. **no, not**

7. *because the exchange rate* – A diferença entre "Por que" X "por causa de" ➪ **Because of the exchange rate**

Inglês		Português
☹	☺	
because the exchange rate	**because of the exchange rate**	por causa da taxa de câmbio
Most of people doesn't test 'cause their English.	**Most people don't take the test because of their English.**	A maioria não faz o teste por causa do inglês.
Sometimes have a lot of stress because that.	**Sometimes there's a lot of stress because of that.**	Às vezes tem muito estresse por causa disso.
because the reduction margin	**because of the reduction margin**	por causa da margem de redução

Como é...	
em inglês:	***em português:***
▪ **Because** exige "uma frase inteira" como motivo, que por sua vez será seguida ou antecedida de sua conseqüência. Por exemplo: **Because we reduced the margin, we will have less profit.** Porque reduzimos a margem, teremos menos lucro. [Conseqüência] ▪ **Because of** pede um motivo expresso em uma palavra ou expressão, e a conseqüência está incorporada na mesma frase: **Because of the margin reduction we will have less profit.** Por causa da redução na margem teremos menos lucro.	▪ Porque equivale a **because.** ▪ Por causa de/Em virtude de/devido a, etc., equivale a **because of.**

Para evitar o erro:
▪ Memorize: (por) causa de = **(be)cause of**; porque = **because.**

O que mais você deve saber:

Expressões que têm a mesma função:

Because of
Due to
As a result of } **your performance you will have a promotion.**
As a consequence of

Por causa de/Devido a/Como resultado de/Como conseqüência de seu desempenho você terá uma promoção.

EXERCÍCIOS

Complete com **because** ou **because of**:

1. **We closed the deal only __________ their prices were so low.**
2. **They had to transfer him __________ there was no one there with comparable expertise.**
3. **You need to apologize ___________ you were so rude during the meeting.**
4. **__________ their decision we will have to change the contract.**
5. **Our profit is lower this month _____________ all those extra travel expenses.**
6. **We will customize the training material _____________ our clients' different needs.**

RESPOSTAS

1. **because**
2. **because**
3. **because**
4. **Because of**
5. **because of**
6. **because of**

8. *bank always going very well* – Como expressar generalidades? ➪ Banks always do very well.

Inglês		Português
☹	☺	
Bank always going very well	**Banks always do very well.**	Os bancos sempre vão bem.
We don't have branch here in Brazil.	**We don't have branches here in Brazil.**	Não temos filial/filiais no Brasil.
Export now is not problem.	**Exporting now is not a problem.**	Exportar não é problema.
The company was not providing English class to us.	**The company was not providing English classes to us.**	A empresa não estava fornecendo aulas de inglês para nós.

Como é...	
em inglês:	***em português:***
▪ Expressar algo genericamente costuma envolver o uso do plural ou do artigo indefinido, **a/an**: Tem problema de irmos juntos? **Is there a problem if we go together?** ▪ Ou ainda, em negações, de **no**: Não tenho idéia. **I have no idea.**	▪ Expressar algo que ocorre genericamente costuma envolver o uso do singular e pode envolver o uso do artigo definido "o, a(s)".

Para evitar o erro:
▪ Use o artigo indefinido ou o plural. ▪ Aprenda quais palavras não têm plural.

O que mais você deve saber:

Quando a palavra não aceitar artigo indefinido, que é o caso dos substantivos incontáveis, ela não aparecerá nem no plural, porque esse não existe, nem precedida de artigo, caso em que a construção será semelhante em português.

Informação é a chave do desenvolvimento eficaz.
Information is the key to effective development.

EXERCÍCIOS

Escreva estas frases em inglês:

1. Focar em resultado vem com muito treinamento.
2. Aprendi a usar essa ferramenta com o instrutor.
3. Não tenho tempo.
4. Acho que o americano não entende como pensamos.
5. Essa estratégia não tem futuro.
6. Fazer comparação nem sempre é boa idéia.
7. Temos nova oportunidade de novamente de fazer sucesso no mercado.
8. Comprar equipamento de fornecedor não credenciado pode ser problema.
9. A pequena empresa precisa de incentivo.
10. Há vantagem em fazer esforço?

RESPOSTAS

1. **Focusing on results comes with a lot of training.**
2. **I learned how to use this tool with an instructor.**
3. **I have no time.**
4. **I think Americans don't understand how we think.**
5. **This strategy has no future./doesn't have a future.**
6. **Making comparisons is not always a good idea.**
7. **We have a new opportunity to be successful in the market again.**
8. **Buying equipment from a non-accredited supplier/ non-accredited suppliers may be a problem.**
9. **Small companies need incentives.**
10. **Is there an advantage in making an effort?**

9. *have a total knowledge* – O uso de artigo com palavras incontáveis ➪ **Have total knowledge**

Inglês		Português
☹	☺	
have a total knowledge	**have total knowledge**	ter conhecimento total
one confidential information	**confidential information**	informação/informações confidencial(iais)
a customized training	**customized training**	treinamento(s) customizado(s)

Como é...	
em inglês:	***em português:***
▪ Algumas palavras não têm plural:[6] **information, equipment, business** (negociação), **software/hardware,**[7] **support, fluency, news, expertise, feedback, success, behavior, progress, trouble, permission, advice, help, understanding.**	▪ As palavras que não têm plural não são as mesmas em inglês e são em número menor: "lápis", "dinheiro"...

Para evitar o erro:
▪ Decore as palavras acima.

O que mais você deve saber:

De um modo geral, a expressão **a piece of** cria condições de formar unidades para o uso de palavras incontáveis no singular/ou plural:

a piece of/pieces of information = uma informação/ informações

a piece of/pieces of equipment = um equipamento/equipamentos

a piece of/pieces of news = uma notícia/notícias

etc.

[6] O tópico **countable and uncountable nouns** é extensivamente tratado em todos os materiais de ensino-aprendizagem de inglês. Minha preocupação aqui é mostrar quais palavras, das que aparecem em contexto de negócios, não têm plural.

[7] Nenhuma palavra terminada em –**ware** tem plural.

EXERCÍCIOS

Circule na lista abaixo as palavras que não possuem plural:

news information help unit progress knowledge
feedback skill agreement music item
song research expertise job equipment
deal work machine support fluency

RESPOSTAS

news; information; help; progress; knowledge; feedback; music; research; expertise; equipment; work; support; fluency

10. *as I told to you* – O uso de "dizer", "falar", "contar", ... ⇨ **As/Like I told you**

Inglês		**Português**
☹	☺	
as I told to you	**as/like I told you**	como eu disse a você
I can't understand what the person speak.	**I can't understand what the person says.**	Não posso entender o que a pessoa diz.
I talk with you about it.	**I told you about it./I talked to you about it.**	Eu te contei a respeito./ Eu conversei com você a respeito.

<table>
<tr><th colspan="2">Como é...</th></tr>
<tr><td>em inglês:</td><td>em português:</td></tr>
<tr><td>De um modo geral, a tradução de:
■ To say é dizer: She said: Read it carefully and see if you have any questions. Ela disse: leia atentamente e veja se tem perguntas.
■ To tell é contar: I told her the paradigm story. Eu contei a ela a história dos paradigmas.
■ To speak é falar: We speak English.
■ To talk é conversar. Talk to me about your expectations with this vacancy. Fale/Converse comigo sobre suas expectativas com essa vaga.
■ Com todas as nuances que cada um desses verbos tem, e que podem exigir alterações na forma de traduzi-los, essas equivalências básicas irão ajudar você a fazer a escolha certa.</td><td>■ Temos os mesmos verbos, e os usos são semelhantes, mas as regências – as preposições que os acompanham e a forma como são usados – podem ser bastante diferentes em alguns casos.</td></tr>
</table>

Para evitar o erro:
■ Decore: **I say: tell me why you speak English when you talk to foreigners**.

O que mais você deve saber:

- Dizer para – **say to**
  He said to her to stop, embora fique melhor dizer **He told her to stop**. Não existe "*say me*"[8] como tradução de "me diz".
- Falar com – **speak with**
  We spoke with the CEO about cost cuts ("dirigimos nossas palavras ao presidente" tratando do assunto corte de custos), e também será possível dizer, **We talked to/with the CEO about cost cuts** (conversamos com ele sobre corte de custos).
  Talk é pronunciado /tók/

EXERCÍCIOS

Complete as lacunas do parágrafo com **say, tell, speak e talk**, nas formas e tempos adequados:

My colleague approached me to (1) _____ me about his idea. He wanted to (2) _____ our manager about his plan to make everyone (3) _____ English at work between 4 and 5 pm everyday. I (4) _____ I was not 100% sure it was going to work, because everyone is more comfortable (5) _____ Portuguese. Then he (6) _____ to me in English and (7) _____ he had (8) _____ himself long ago that comfort is not a priority when it comes to serious development efforts. I (9) _____ "Alright, then, let's (10) _____ you're right and give it a try." I'll go with you and (11) _____ to her too. But if she's against it, don't (12) _____ her I was for it in the first place!"

Tradução do texto:
Meu colega me procurou para falar sobre sua idéia. Ele queria falar para a nossa gerente sobre seu plano de fazer todo mundo falar inglês no trabalho entre 4 e 5 da tarde todos os dias. Eu disse que não estava 100% certo de que iria funcionar, porque todo o mundo fica mais confortável falando português. Então ele falou comigo em inglês e disse que tinha dito para si mesmo há muito tempo que conforto não é prioridade quando se trata de esforço de desenvolvimento sério. Eu disse: "Tudo bem, então, vamos dizer que você está certo e fazer uma tentativa. Eu vou com você e falo com ela também. Mas se ela for contra, não conte para ela que primeiro eu era a favor!"

RESPOSTAS

1. tell	2. tell	3. speak	4. said	5. speaking	6. spoke
7. said	8. told	9. said	10. say	11. speak	12. tell

[8] A música "**Say you, say me**" não se referia à mesma coisa que este tópico...

11. *the relationship with they is good* – pronomes após preposições e como objetos ⇨ **The relationship with them is good**

Inglês		Português
☹	☺	
The relationship with they is good.	**The relationship with them is good.**	A relação com eles é boa.
ABC has around 60,000 people working for his.	**ABC has around 60,000 people working for it.**	A ABC tem aproximadamente 60.000 pessoas trabalhando para ela.
They try to maintain we focused.	**They try to keep us focused.**	Eles tentam nos manter focados.
(English classes) I don't have more because I don't have time.	**(English classes) I don't have them any more because I don't have time.**	Eu não tenho mais porque não tenho tempo.

Como é...	
em inglês:	***em português:***
▪ Os pronomes objeto: **me – you – him/her/it – us – you – them** 1) ocupam os espaços dos objetos, diretos e indiretos, dos verbos quando esses objetos não são nomeados, por exemplo: **Give the password to John.** (objetos nomeados) **Give it to him**; e 2) são usados após as preposições ▪ Frases como "para eu fazer" são traduzidas por **for me to do**. ▪ O espaço dos objetos deve ser preenchido: Eu peço para repetir. **I ask him/her/them to repeat.**	▪ Nosso uso de pronomes está em processo de modificação. ▪ Tendemos a usar pronomes pessoais no lugar de objetos: "Dê para ela a lista", "Repita o número, repita ele para mim" etc.

Para evitar o erro:

- Lembre que as frases em inglês são mais estruturadas do que em português, no sentido de que exigem a presença de certos elementos: Gosto = **I like it**. Por isso procure preencher todos os "espaços" da frase.

O que mais você deve saber:

Os verbos possuem padrões determinados. Seguem abaixo os mais comuns:

Sujeito + verbo
She died. Ela morreu.

Sujeito + verbo + objeto
She completed her task. Ela completou a tarefa.

Sujeito + verbo + objeto + objeto
She gave me more assignments. Ela me deu mais tarefas.

Nem sempre o mesmo verbo, traduzido, terá o mesmo padrão em inglês e em português:

Eles se encontraram ano passado.
They met last year.

EXERCÍCIOS

Coloque as palavras das frases na ordem correta:

1. **them – send – I'll – shortly – the emails**
2. **another – it – explain – way – me – let**
3. **on the – keeps – project – us – focused – having the deadline in red**
4. **our products – to manufacture – we – and – it – their space – rent – use**
5. **ask – I – them – never – to do – what**
6. **forward – the whole team – when – receive – I – your e-mails – to – them – I – always**

RESPOSTAS

1. **I'll send them the e-mails shortly.** / Eu vou enviar os e-mails para eles em seguida.
2. **Let me explain it another way.** / Deixe-me explicar de outra forma.
3. **Having the deadline in red keeps us focused on the project.** / O prazo em vermelho nos mantém focados no projeto.
4. **We rent their space and use it to manufacture our products.** / Nós alugamos o espaço deles e usamos para produzir nossos produtos.
5. **I never ask them what to do.** / Eu nunca pergunto a eles o que fazer.
6. **When I receive your e-mails I always forward them to the whole team.** / Quando eu recebo seus e-mails sempre encaminho para toda a equipe.

12. *speak with more strong words; he is the more important person here* – Comparações e intensidades ➪ **Speak with stronger words; he is the most important person here**

Inglês		Português
☹	☺	
Speak with more strong words.	**Speak with stronger words.**	Fale com palavras mais fortes.
He is the more important person here.	**He is the most important person here.**	Ele é a pessoa mais importante aqui.
We are working to have best tools.	**We are working to have the best tools.**	Estamos trabalhando para ter as melhores ferramentas.

Como é...	
em inglês:	***em português:***
PARA COMPARATIVOS: ■ As comparações são feitas de duas formas – com alteração no próprio adjetivo ou com a adição de **more** antes dele. ***Alteração no próprio adjetivo:*** 1) Adjetivos de uma sílaba e de duas sílabas:[9] *Terminados em **–e**, + **–r** **safe – safer**; **large – larger**; **nice – nicer** etc. *Terminados em consoante, + **–er** **fast – faster**; **old – older**; **big – bigger**[10] etc. *Terminados em **–y**, tirar **y**, + **–ier** **happy – happier, tidy – tidier** ***Adição de more:*** *adjetivos de três sílabas **more advantageous, more rational** *adjetivos terminados em **–ing**,**-ed**,**-en** (particípios), **–less** e **–ful** **more cost-saving, more leveled, more powerful** ■ *Comparações são conectadas por* ***than:*** **To most people, writing in a foreign language is easier than speaking it.** Alguns adjetivos podem ser alterados ou acrescidos de **more**: **narrower / more narrow; simpler / more simple** etc. PARA SUPERLATIVOS é feito o mesmo que acima, porém usando **–st**,**-est**, **–iest** e **the most**.	■ A grande maioria das comparações é feita com o acréscimo de "mais". ■ Para expressar os superlativos, usamos o artigo definido, que faz o destaque daquilo a que estamos nos referindo.

[9] O número de sílabas das palavras inglesas é definido pela quantidade de vogais pronunciadas, não as escritas: **safe** tem uma sílaba: /sêif/; **strange** tem uma sílaba /stRéndj/; **secure** tem duas /se-kiuR/ etc.

[10] Dobrar a última consoante dos adjetivos que terminam em consoante + vogal + consoante: **thin – thinner.**

Para evitar o erro:

- É um erro "internacional" e bastante comum não fazer a alteração no adjetivo, nos casos em que se deveria, e usar **more** ou **the most** genericamente. É mais complicado quando o erro modifica o significado do que queremos dizer, como é o caso de *speak with more strong words* que significa "falar com mais palavras fortes" e de fato expressa o oposto do que o falante quis dizer, que era **speak with stronger words**, "falar com palavras mais fortes".

O que mais você deve saber:

Alguns adjetivos têm comparativos e superlativos irregulares. Os mais comuns são:
much/many – more – the most
muito – mais – o/a(s) mais
good – better – the best
bom – melhor – o/a(s) melhor(es)
bad – worse – the worst
ruim – pior – o/a(s) pior(es)
far – farther/further – the farthest/the furthest[11]
distante – mais distante – o/a(s) mais distante(s)
little – less – the least
pouco – menos – o/a(s) menos

EXERCÍCIOS

Escreva a frase usando o que é dado e construindo o comparativo ou o superlativo, conforme o exemplo:

Ex: **A laptop computer / a desktop computer / is** – mais leve (leve = **light**)

A laptop computer <u>is lighter than</u> a desktop computer.

1. **He / person in the company / is** – mais inteligente (inteligente = **smart**)
2. **My knowledge of English / yours / is / than** – menos preciso (preciso = **accurate**)
3. **Our profits / this month / ever / were** – os mais baixos (baixo = **low**)
4. **Their quote / ours / is / than** – menor (pequeno = **small**)
5. **It / company in the south of the country / is** – a maior (grande = **big**)
6. **Working as a group / working individually / is / than** – melhor (bom = **good**)
7. **They / our / competitor / are** – o mais forte (forte = **strong**)
8. **The server going down / thing that can happen / is** – o pior (ruim = **bad**)

[11] **Farther** se refere a uma distância física; **further** é "adicional, além, mais" etc. **The walk back was farther than we expected.** A caminhada de volta foi mais longa do que esperávamos. **Let's investigate this issue a little further.** Vamos investigar essa questão um pouco além.

RESPOSTAS

1. **He is the smartest person in the company.** / Ele é a pessoa mais esperta na companhia.
2. **My knowledge of English is less accurate than yours.** / Meu conhecimento de inglês é menos preciso do que o seu.
3. **Our profits this month were the lowest ever.** / Nossos lucros este mês são os mais baixos até agora.
4. **Their quote is smaller than ours.** / O orçamento deles é menor do que o nosso.
5. **It is the biggest company in the south of the country.** / É a maior companhia no sul do país.
6. **Working as a group is better than working individually.** / Trabalhar em grupo é melhor do que trabalhar individualmente.
7. **They are our strongest competitor.** / Eles são os nossos competidores mais fortes.
8. **The server going down is the worst thing that can happen.** / A queda do servidor é o pior que pode acontecer.

13. *we will sold each time more* – "Cada vez mais" não é expresso com *each time* ➪ we will sell more and more

Inglês		Português
☹	☺	
we will sold each time more	**we will sell more and more**	vamos vender cada vez mais
Our network is getting each time more big.	**Our network is getting bigger and bigger.**	Nossa rede está ficando cada vez maior.
He drove more and more faster until we asked him stop.	**He drove faster and faster until we asked him to stop.**	Ele dirigia cada vez mais rápido até que pedimos para ele parar.

Como é...	
em inglês:	***em português:***
▪ A noção de intensidade progressiva é feita com a mesma estrutura do comparativo, duplicada: **more and more people**: cada vez mais gente; **weaker and weaker**: cada vez mais fraco etc.	▪ A noção de intensidade progressiva é feita com "cada vez mais...".

Para evitar o erro:

- Memorize: **I should translate less and less and think in English more and more.** Devo traduzir cada vez menos e pensar em inglês cada vez mais.

O que mais você deve saber:

Cada vez, no sentido de "a cada oportunidade" (isolada em que algo acontece) pode ser

Each time

Each time I try to speak to him I get an excuse and he walks quickly away. Cada vez que tento falar com ele recebo uma desculpa e ele vai embora rápido.

EXERCÍCIOS

Traduza as frases abaixo:

1. Nós venderemos cada vez mais.
2. Se a economia brasileira vai mal, a companhia investirá cada vez menos dinheiro na sua filial do Brasil.
3. Eu preciso dedicar cada vez mais tempo à operação e cada vez menos tempo às negociações com o sindicato.
4. Você gasta cada vez menos com terceiros porque o volume comprado faz o produto ficar cada vez mais barato.

RESPOSTAS

1. **We will sell more and more.**
2. **If the Brazilian economy goes bad, the company will invest less and less money in its Brazilian branch.**
3. **I have to dedicate more and more time to the operation and less and less time to negotiations with the union.**
4. **You spend less and less with contractors because the volume purchased makes the product become cheaper and cheaper.**

14. *a technical skill more advanced; I'm looking for a training that offer in a very pragmatic way this thing* – ordem das palavras ➪ **a more advanced technical skill; I'm looking for training that offers this thing in a very pragmatic way**

Inglês		**Português**
☹	☺	
We sale computers more cheap for the customers	**We sell cheaper computers to customers.**	Vendemos computadores mais baratos para os clientes.
strategies aggressive for get more clients	**aggressive strategies for getting more clients**	estratégias agressivas para conseguir mais clientes
We can take care better of our customers.	**We can take better care of our customers.**	Podemos cuidar melhor de nossos clientes.

Como é...	
em inglês:	***em português:***
▪ De um modo geral, as características (os adjetivos) antecedem as coisas (os substantivos). **an important difference** ▪ Se posicionado à frente de um substantivo, qualquer substantivo fará o papel de um adjetivo. ▪ Alcance de metas **goal achievement** Muitos substantivos a uma só vez podem ter esse papel: Fórum de Pesquisa de Gestão de Projetos **Project Management Research Forum**	De um modo geral, as coisas (os substantivos) antecedem as características (os adjetivos). uma diferença importante

Para evitar o erro:
▪ Evite agrupar muitas palavras de cada vez ▪ Use **of**, para guardar uma semelhança segura com português. Não é muito natural mas é melhor do que falar o oposto do que você pretende: **cost reduction / reduction cost – reduction of cost / cost of reduction**

O que mais você deve saber:

A relação entre os termos da unidade de informação é exatamente inversa em inglês e em português.

Em português você pode, com o uso de "de" ou outra preposição, ir anexando as informações que "lembra" de incluir, por exemplo:

Reunião
de qualidade
da equipe
da fábrica
...

Em inglês você tem de formular a unidade de informação antes de dizê-la, pois uma vez dita a última palavra, espera-se um verbo ou outro elemento da frase:

The plant team quality meeting

The plant team quality meeting will take place every Friday. /vai acontecer todas as sextas-feiras.

EXERCÍCIOS

1 Escreva as frases abaixo colocando os adjetivos na posição correta, conforme o exemplo:

Ex.: we / hire / people / need to / level B and C

Resposta: **We need to hire level B and C people.** / Nós precisamos contratar pessoas de nível B e C.

1. **mistakes / this e-mail / could you / possible / for any / ? / check**
2. **wrong / they / made / decisions / some**
3. **on / many / are / projects / working / different / we**
4. **a / very / yet / I / don't / plan / have / consistent**

RESPOSTAS

1. **Could you check this e-mail for any possible mistakes?** / Você poderia conferir esse e-mail para possíveis erros?
2. **They made some wrong decisions.** / Elas tomaram algumas decisões erradas.
3. **We are working on many different projects.** / Nós estamos trabalhando em muitos projetos diferentes.
4. **I don't have a very consistent plan yet.** / Eu não tenho um plano consistente ainda.

2 Coloque os termos na posição que equivale ao significado traduzido:

1. **advanced – intelligence – market** – inteligência de mercado avançada
2. **consumer – profile – digital** – perfil do consumidor digital
3. **the – strategy – security – national** – a estratégia de segurança nacional
4. **development – World – the – Bank's – World – annual – Report** – o relatório de desenvolvimento mundial anual do Banco Mundial
5. **policies – protection – environment** – políticas de proteção do meio ambiente
6. **information – service – internet-based** – serviço de informação baseado na internet

RESPOSTAS

1. **advanced market intelligence**
2. **digital consumer profile**
3. **the national security strategy**
4. **the World Bank's annual World Development Report**
5. **environment protection policies**
6. **internet-based information service**

15. *never I had this kind of class* – a posição da maioria dos advérbios ➪ never have I had this kind of class

Inglês		Português
☹	☺	
Never I had this kind of class.	**Never have I had this kind of class.**	Nunca tive esse tipo de aula.
All time you change the situation.	**You change the situation all the time.**	Você muda a situação o tempo todo.
I need every day to prove for me.	**I need to prove it to myself every day.**	Preciso provar para mim todos os dias.
I think that always there is positive sides and negative sides.	**I think that there are always positive sides and negative sides (to things).**	Acho que (as coisas) sempre têm lados positivos e negativos.

Como é...	
em inglês:	***em português:***
▪ Existem regras para posicionar os advérbios nas frases. ▪ A mudança de posição dos advérbios costuma exigir alterações estruturais na frase. **I had never thought of this before.** **Never before had I though of this.** (enfático) ▪ Essas regras possuem um alto nível de detalhamento, mas para fins de simplificação e almejando uma conformidade básica, vamos estabelecer as seguintes posições: 1) Advérbios de freqüência (expressos com uma palavra) são posicionados após o sujeito e antes do verbo: **I always check my e-mails in the evening.** Sempre confiro meus e-mails à tardinha. **I almost never read all of them.** Eu quase nunca leio todos eles. **She sometimes leaves at noon**. Ela às vezes vai embora ao meio-dia. **They never come to meetings on time**. Eles nunca vêm para as reuniões no horário. 2) Advérbios de freqüência expressos com mais de uma palavra[12] e os demais advérbios são posicionados no final da oração: **I check my e-mails [every day].** Confiro meus e-mails todos os dias. **She does calisthenics [in the evenings]**. Ela faz musculação à noite. **Send the goods to me directly**. Envie as mercadorias para mim diretamente. **I accessed the CNN link [to check the latest news].** Acessei o link da CNN para verificar as notícias mais recentes.	▪ Existem regras para posicionar os advérbios nas frases, mas existe maior flexibilidade quanto a esse posicionamento. Por exemplo: Eu sempre faço as buscas de arquivos no servidor. Eu faço as buscas de arquivos no servidor sempre. Eu faço sempre as buscas de arquivos no servidor. ▪ A mudança de posição dos advérbios não costuma exigir alterações estruturais na frase, o que as mantém naturais para quem as ouve.

[12] **Almost never**, no item anterior, é expresso com duas palavras, mas **almost** está modificando **never**, e não formando uma expressão onde sua a retirada vai deixar a(s) palavra(s) remanescente(s) sem sentido. Por exemplo: **My boss keeps canceling our meeting [all the time]**. Meu chefe fica cancelando nossa reunião [o tempo todo]. Aqui todos os três elementos **all+the+time** são necessários, por isso a expressão de tempo (= advérbio) vem no final da frase.

Para evitar o erro:

- Memorize: **I always place my adverbs and equivalent expressions [in the right position].** Eu sempre coloco meus advérbios e expressões equivalentes na posição correta. Lembrando que **always** e **[in the right position]** representam o que você tem de saber aqui.

O que mais você deve saber:

Os advérbios modificam os verbos e os adjetivos:

She spoke perfectly. Ela falou perfeitamente.
Her message was perfectly clear. Sua mensagem estava perfeitamente clara.

EXERCÍCIOS

Organize as frases abaixo:

1. **much / talk / too / they / always**
2. **hear / I / sometimes / need to / somebody**
3. **in / this / worked / I / department / always / have**
4. **me / never / she / asks / for help**
5. **few / years / during / the / always / team / I / with / a / have / past / worked**
6. **I / give / usually / opinion / try / my / to**
7. **to be / very / it is / sometimes / difficult / disciplined**
8. **correctly / have / we / to / speak**
9. **correctly / argument / his / built / was**
10. **to participate / I / sometimes / need / in conference calls**

RESPOSTAS

1. **They always talk too much.** / Eles sempre falam muito.
2. **I sometimes need to hear somebody.** / Às vezes eu preciso ouvir alguém.
3. **I have always worked in this department.** / Eu sempre trabalhei neste departamento.
4. **She never asks me for help.** / Ela nunca me pede ajuda.
5. **During the past few years I have always worked with a team.** / Nos últimos anos eu tenho sempre trabalhado com uma equipe.
6. **I usually try to give my opinion.** / Eu costumo tentar dar minha opinião.
7. **Sometimes it is very difficult to be disciplined.** / Às vezes é muito difícil ser disciplinado.
8. **We have to speak correctly.** / Nós precisamos falar corretamente.
9. **His argument was correctly built.** / O argumento dele foi construído corretamente.
10. **I sometimes need to participate in conference calls.** / Às vezes eu preciso participar de reuniões telefônicas.

16. *I'm responsible for provide support* – verbos após preposições ➪ **I'm responsible for providing support.**

Inglês		Português
☹	☺	
I'm responsible for provide support.	**I'm responsible for providing support.**	Sou responsável por fornecer apoio/suporte.[13]
We're working on to have people acting as back-ups.	**We're working on having people acting as back-ups.**	Estamos trabalhando para ter pessoas atuando como substitutos.
I'm having opportunity of work.	**I'm having an opportunity of working (here/at ABC, etc.).**	Estou tendo uma oportunidade de trabalhar (aqui/na ABC etc.).
Do not hesitate in contact me.	**Do not hesitate in contacting me.**	Não hesite em me contatar.

<table>
<tr><th colspan="2">Como é...</th></tr>
<tr><td>em inglês:</td><td>em português:</td></tr>
<tr><td>■ As preposições substantivam os verbos.
■ O –ing é a forma como os verbos são substantivados.
■ To + verbo não exige que o verbo esteja na sua forma –ing, a menos que to seja parte da expressão e não esteja formando o infinitivo.
I want to understand this. ([want] + [to + verb])
Quero entender isso.
I'm committed to improving my managerial skills. ([to be committed to] + [verb-ing])
Estou comprometido com melhorar minhas habilidades gerenciais.</td><td>■ As preposições também substantivam os verbos.
■ "Eu gosto (do ato) de gerenciar pessoas."
O infinitivo é a forma como os verbos são substantivados.
"Gerenciar pessoas é uma coisa que eu gosto."</td></tr>
</table>

[13] Já faz algum tempo que vemos **support** sendo traduzido por "suporte", provavelmente pela freqüência do uso da primeira. Nos dicionários **support** ainda é "sustento", "apoio" etc.

Para evitar o erro:

- **Memorize: As to remembering about verbs after prepositions, keep on writing the –ing when they occur.** Quanto a lembrar sobre verbos após preposições, continue escrevendo o –ing quando ocorrem.

O que mais você deve saber:

As preposições complementam os verbos a ponto de serem parte deles. Não apenas nos **two-** e **three-word verbs**, como **bring about** (causar) ou **come across** (encontrar por acaso).

These are things you want to work on.

Essas são coisas com que você tem de trabalhar.

The places he stayed at were not usual hotels.

Os lugares em que ele ficou não são hotéis comuns.

EXERCÍCIOS

Traduza as frases abaixo:

1. **I am the one responsible for training newcomers.**
2. **We have our own way of doing things.**
3. **The condition of being non-profit exempts us from taxes.**
4. **You need to think a lot before making the final decision.**
5. **We are concerned about delivering the best product.**
6. **I am in charge of reading the e-mails.**

RESPOSTAS

1. Eu sou o responsável pelo treinamento dos/por treinar os novatos.
2. Nós temos a nossa maneira de fazer as coisas.
3. A condição de não ser lucrativo nos isenta dos impostos.
4. Você precisa pensar muito antes de tomar a decisão final.
5. Nós estamos preocupados em entregar o/com a entrega do melhor produto.
6. Eu sou responsável por ler os/pela leitura dos e-mails.

17. *The context that the problem appeared* – criando orações subordinadas ➪ the context in which the problem appeared

Inglês		Português
☹	☺	
the context that the problem appeared	**the context in which the problem appeared**	o contexto em que o problema apareceu
specific questions (...) for what I did not have the answer	**specific questions (...) for which I did not have the answer**	questões específicas para as quais eu não tinha a resposta
I would choose another career, but that I can be in touch with people.	**I would choose another career, but one/a career in which I could/would be in touch with people.**	Eu escolheria uma outra carreira, mas uma em que/na qual eu pudesse estar em contato com as pessoas.
A position that you need to manage people.	**A position in which you need to manage people.**	Uma posição em que/na qual você precisa gerenciar pessoas.

Como é...	
em inglês:	***em português:***
▪ Quando iniciamos uma oração que detalha algum aspecto de outra, funcionando como uma explicação de algo mencionado, precisamos manter a preposição que acompanha o verbo e incluir **which** após a mesma, quando for o caso: **The hotel was ok – I stayed at the hotel** **The hotel <u>at which</u> I stayed was ok.** O hotel em que eu fiquei era bom. ▪ **That** significa "que" e pode ser usado quando não houver a necessidade de incluir a preposição na oração. Só será antecedido por vírgula quando a informação que introduz puder "ser retirada" da frase sem prejuízo para sua estrutura. **We have costs – costs are high** **The costs <u>that</u> we have are high.** Os custos que nós temos são altos.	▪ É possível e freqüente o uso de "que", simplesmente, para unir orações, independentemente de haver uma preposição que acompanha o verbo. Por exemplo: "Eu gosto de montar planilhas", "Montar planilhas é uma coisa que eu gosto". ▪ "De" não foi usado na segunda frase, mas não poderia ser omitido na primeira e, de fato, mantendo a preposição, a segunda frase seria: "Montar planilhas é uma coisa de que eu gosto."

<table>
<tr><th colspan="2">Como é...</th></tr>
<tr><td>em inglês:</td><td>em português:</td></tr>
<tr><td> Our boss left earlier today – Our boss had an argument on the phone
Our boss, <u>that</u> left earlier today, had an argument on the phone. Nosso chefe, que saiu mais cedo hoje, teve uma discussão no telefone.
■ Genericamente, no lugar de that podemos usar which (para coisas) e who (para pessoas)
The costs <u>which</u> we have are high.
Our boss, <u>who</u> left earlier today, had an argument on the phone.
What não é “que”, mas sim “o que”. Isso significa que ao mesmo tempo conecta informações e representa alguma coisa.
I can’t write a report about <u>what</u> I don’t know.
Não posso fazer um relatório sobre o que eu não sei. (o que = dados, fatos, informações para escrever o relatório) </td><td></td></tr>
</table>

Para evitar o erro:

Você precisa saber se o verbo é apoiado em alguma preposição e, em caso positivo, qual(is) é(são). Vale lembrar que uma preposição necessária em português pode não ser “a mesma” em inglês, ou nem mesmo existir.

O que mais você deve saber:

In that, como conector, significa “à medida que/ pela razão de”

Paulo is competent in that he is fast and straight-to-the-point. Paulo é competente à medida que é rápido e objetivo.

De quem/cujo/a(s) = **whose**
The HR professional whose responsibilities I took over was a moron. O profissional de RH cujas responsabilidades eu assumi era um pulha.

O tópico de orações subordinadas merece um estudo aprofundado.

EXERCÍCIOS

Complete as lacunas com: **who, which, that, what.**

1. **Some of the e-mails _______ you have received are important to our franchising plans.**

2. **Paulo, _______ is my boss, is in Italy now.**
3. **We have some projects from last year _______ we still need to complete.**
4. **I led a meeting in _______ there were only foreign technicians.**
5. **I am a person _______ likes to keep good relationships with co-workers.**
6. **I had a meeting with my team in _______ we talked about problems and suggestions to improve.**
7. **Back then the procedures were a lot different from _______ we do now.**
8. **I would like to work in a job in _______ I could have flexible hours.**
9. **_______ is the specialist ______ helped us yesterday?**
10. **We always do everything _______ has to be done.**
11. **A good leader is a person _______ motivates their team.**
12. **I have one employee _______ is studying Computer Science.**

RESPOSTAS

1. **which / that** / Alguns dos e-mails que você recebeu são importantes para os nossos planos de franquia.
2. **who** / Paulo, que é meu chefe, está na Itália agora.
3. **that** / Nós temos alguns projetos do ano passado que nós ainda precisamos completar.
4. **which** / Eu liderei uma reunião na qual havia somente técnicos estrangeiros.
5. **who** / Eu sou uma pessoa que gosta de manter bom relacionamento com os colegas.
6. **which** / Eu tive uma reunião com minha equipe na qual conversamos sobre problemas e sugestões para melhorar.
7. **what** / Antigamente os procedimentos eram muito diferentes do que nós fazemos agora.
8. **which** / Eu gostaria de trabalhar em um emprego em que eu pudesse ter horário flexível.
9. **who / that or who** / Quem é o especialista que nos ajudou ontem?
10. **that** / Nós sempre fazemos tudo que precisa ser feito.
11. **who / that** / Um bom líder é uma pessoa que motiva a sua equipe.
12. **who / that** / Eu tenho um funcionário que está estudando Informática.

18. *totally different of the RJ culture* – as preposições após os adjetivos podem não ser as mesmas que em português ➪ **totally different from the RJ culture**

Inglês		**Português**
☹	☺	
totally different of the RJ culture	**totally different from the RJ culture**	totalmente diferente da cultura carioca
focused in my weakness	**focused on my weaknesses**	focado nas minhas fraquezas
I'm responsible by the servers.	**I'm responsible for the servers.**	Sou responsável pelos servidores.
We worked based in the data presented.	**We worked based on the data presented.**	Trabalhamos baseados nos dados apresentados.

Como é...	
em inglês:	***em português:***
▪ Muitos adjetivos são complementados com uma preposição específica.	▪ Muitos adjetivos são complementados com uma preposição específica.

Para evitar o erro:

- Observe quais preposições são utilizadas em inglês e em português. Veja alguns exemplos, com traduções simples, para fins de comparação:

  attached to – anexo a
  based on – baseado em
  contrary to – contrário a
  dependent on – dependente de
  enthusiastic about – entusiasmado com
  good at – bom em
  proud of – orgulhoso de
  similar to – semelhante a
  ...

O que mais você deve saber:

Lembre de que, após preposições, o verbo vem com –**ing**:

She's good at talking you into doing certain things. Ela é boa em convencer você a fazer certas coisas.

EXERCÍCIOS

Relacione as colunas:

(a) from (b) for (c) of (d) on (e) about (f) to (g) at	1.	( ) This training was different _____ the others we had.
	2.	( ) How far is the airport _____ here?
	3.	( ) We are focused _____ the same type of customer.
	4.	( ) His recent actions are contrary _____ his decision last month.
	5.	( ) They are good _____ logistics.
	6.	( ) The file is attached _____ the e-mail I received.
	7.	( ) I am focused _____ the objectives.
	8.	( ) Our boss is proud _____ our effort.
	9.	( ) I'm responsible _____ the entire accounting department.
	10.	( ) We are enthusiastic _____ the new project.

RESPOSTAS

1. (a)[14] Este treinamento foi diferente dos que tivemos.
2. (a) Qual a distância daqui ao aeroporto?
3. (d) Nós estamos focados no mesmo tipo de clientes.
4. (f) As ações recentes dele são contrárias às suas decisões do mês passado.
5. (g) Eles são bons em logística.
6. (f) O arquivo está anexado ao e-mail que eu recebi.
7. (d) Eu estou focado nos objetivos.
8. (c) Nosso chefe está orgulhoso do nosso esforço.
9. (b) Eu sou responsável por todo o departamento de contabilidade.
10. (e) Nós estamos entusiasmados com o novo projeto.

[14] Seguidamente ouve-se também **different than.**

19. *you don't depend of the others* – as preposições após os verbos podem não ser as mesmas que em português ⇨ **you don't depend on the others**

Inglês		Português
☹	☺	
You don't depend of the others.	**You don't depend on the others.**	Você não depende dos outros.
she comment this with me	**she commented on this**	ela comentou sobre isso
for me send for other person	**for me to send to another person**	para eu enviar para outra pessoa
It was impacted negative in our margins.	**It impacted negatively on our margins.**	Impactou negativamente as nossas margens.

Como é...	
em inglês:	***em português:***
Muitos verbos são complementados com uma preposição específica.	Muitos verbos são complementados com uma preposição específica.

Para evitar o erro:

- Observe quais preposições são utilizadas em inglês e em português. Veja alguns exemplos, com traduções simples, para fins de comparação:

belong to – pertencer a
call – ligar/telefonar para
change into – mudar para
depend on – depender de
interfere with – interferir em
listen to – escutar
look at – olhar para
oblige to – obrigar a
refer to – referir-se a
think of – pensar em
...

O que mais você deve saber:

Além das preposições que complementam os verbos existem aquelas que, associadas a eles, geram um significado diferente daquele que o verbo teria sozinho ou sendo complementado. Exemplos:
Bring é complementado com **to.**

She brought her pieces of African furniture to the office and expected us to like it.
Ela trouxe seus móveis africanos para o escritório e esperava que gostássemos.

Bring + about = causar, ocasionar.

This odd idea of hers brought about a series of useless debates on office decoration. Essa idéia estranha dela ocasionou uma série de debates inúteis sobre decoração de escritórios.

Keep é complementado com **in.**

Keep your files and folders in order.
Mantenha seus arquivos e pastas em ordem.

Keep + up + with = acompanhar.

I can't keep up with the changes brought about by the merger. Não consigo acompanhar as mudanças ocasionadas pela fusão.

Turn pode ser complementado por **to.**

She turned to me for advice. Ela se voltou para mim para (pedir) conselhos.

Turn + up = aumentar (a intensidade de algo através de seletor/controle).

Will you turn up the monitor brightness, please? The screen's too dark to be seen from here. Você pode aumentar a luminosidade do monitor, por favor? A tela está escura demais para ser vista daqui.

...

EXERCÍCIOS

Escolha a preposição que acompanha o verbo:

for	to	on	at	about

Ex.: **I was waiting *for* your call.**

1. **The book belongs ____ Paula.**
2. **We should be thinking ____ reducing costs.**
3. **The cost will depend ____ how big the problem is.**
4. **Our company depends ____ cheap energy.**
5. **I want you to look ____ me when I talk.**
6. **Most people only think ____ making money.**
7. **I need more time to dedicate ____ my personal life.**
8. **I like to listen ____ what my colleagues have to say.**
9. **I am just waiting ____ an answer from the bank.**
10. **For help, first refer ____ your manual.**

RESPOSTAS

1. **to** / O livro pertence à Paula.
2. **of** / **about** / Nós deveríamos estar pensando em redução de custos.
3. **on** / O custo dependerá de quão grande o problema é.
4. **on** / Nossa empresa depende de energia barata.
5. **at** / Eu quero que você olhe para mim quando eu falo.
6. **of** / **about** / A maioria das pessoas só pensa em fazer dinheiro.
7. **to** / Eu preciso de mais tempo para dedicar à minha vida pessoal.
8. **to** / Eu gosto de ouvir o que meus colegas têm para dizer.
9. **for** / Eu estou só esperando pela resposta do banco.
10. **to** / Para ajuda, primeiro consulte seu manual.

20. *I think that yes* – concordando ➪ I think so

Inglês		**Português**
☹	☺	
I think that yes.	**I think so.**	Acho que sim.
Yes, I think.	**Yes, I think so.**	Sim, acho que sim.
I believe that.	**I believe so.**	Acredito que sim.
Yeah I think.	**Yeah, I think so.**	È, penso que sim.

Como é...	
em inglês:	***em português:***
▪ Depois do **yes** que responde à pergunta (e é opcional), concordamos com **so**, que representa toda a oração ou frase com a qual estamos concordando. A: **Do you think they'll be able to arrive on time?** Você acha que eles vão conseguir chegar na hora? B: **Yes, I think so.** Sim, acho que sim. **so = to arrive on time.** A: **Should we order some more business cards from the press?** Está na hora de pedir mais cartões de visita para a gráfica? B: **I believe so.** Acredito que sim. **so = to order some more business cards from the press**	▪ Depois do "sim" que responde à pergunta (e é opcional), concordamos com "sim", que modifica o verbo: "Sim, acho que (é/está/pode etc.) sim."

Para evitar o erro:

- **yes** é "sim" antes da vírgula. A: Entendeu? B: Sim, entendi.

O que mais você deve saber:

So se combina com o auxiliar ou modal para repetir uma informação (afirmativa) sem precisar fazê-lo palavra por palavra novamente:

I'm happy to be here. Estou feliz em estar aqui.

So am I. Eu também.

She missed her flight. Ela perdeu o vôo.

So did he. Ele também.

Negações são com **neither**:

I'm not uncomfortable here. Não estou mal aqui.

Neither am I. Nem eu.

She didn't arrive at the airport on time. Ela não chegou no aeroporto a tempo.

Neither did he. Nem ele.

EXERCÍCIO

Traduza as respostas:

1. A: Você está ocupado? B: Sim, estou.
2. A: Você acha que pode me ajudar com esse cálculo? B: Sim, acho que posso.
3. A: Podemos começar? B: Acho que sim.
4. A: A apresentação está no ponto? B: Acredito que sim.

RESPOSTAS

1. **Yes, I am.**
2. **Yes, I think I can.**
3. **I think so.**
4. **I believe so.**

21. *industry shoes* – ordem das palavras ➪ shoe industry

Inglês		Português
☹	☺	
industry shoes	**shoe industry**	indústria de calçados
He had many problems and many solutions problems too.	**He had many problems and many problem solutions too.**	Ele tinha muitos problemas e muitas soluções de/para problemas também.
I don't have a plan very consistent.	**I don't have a very consistent plan.**	Não tenho um plano muito coerente/sólido.
I am Analyst Accounting.	**I am an Accounting Analyst.**	Sou analista de contabilidade.

Como é...	
em inglês:	***em português:***
▪ As características vêm antes das "coisas". Produção enxuta – **Lean production** Tomada de decisão neutra e sensata – **Shrewd and unbiased decision-making** ▪ Basta acrescentar um nome na frente de outro para que o primeiro se transforme em característica do segundo: Programação da produção – **Production programming**	▪ As características vêm depois das "coisas" ▪ Acrescentar características implica o uso de preposições, normalmente "de" (do/da(s)).

Para evitar o erro:
▪ Exercite a tradução de quaisquer pares (e trios e quadras) de palavras que juntas signifiquem algo.

O que mais você deve saber:

- Uma expressão inteira pode se transformar em uma característica, desde que as palavras que a compõem sejam unidas por hifen:

  A report is published every minute.
  Um relatório é publicado a cada minuto.
  An up-to-the-minute report

  A kit for you to do things yourself.
  Um estojo pra você fazer as coisas sozinho.
  A do-it-yourself kit

  Movies that you must see.
  Filmes que você deve ver.
  Must-see movies

Traços físicos, como a cor dos olhos de alguém ou o tamanho de uma empresa, tornam-se uma característica ao receberem "–" e um "**–ed**" final:

blue-eyed men homens de olhos azuis

medium-sized companies empresas de médio porte

EXERCÍCIOS

Coloque as palavras em ordem, usando as palavras fornecidas em cada item:

Ex.: Formulário de inscrição on-line
online/form/application – online application form

1. O Fundo Monetário Internacional
   The Fund/Monetary/International
2. vírus de computador existentes
   computer/viruses/existing –
3. disponibilidade de matérias-primas
   material/raw/availability –
4. recursos de programação em braille
   braille/resources/programming –
5. política global de assistência de ensino
   tuition/policy/assistance/global –
6. aspectos principais da política de gastos de viagem de negócios
   outlines/expense/policy/travel/business –
7. ensino à distância gratuito
   e-learning/free –
8. fluxo de identificação de resíduos perigosos
   waste/flowchart/identification/ hazardous –

RESPOSTAS

1. **The International Monetary Fund**
2. **existing computer viruses**
3. **raw material availability**
4. **braille programming resources**
5. **tuition assistance global policy/ global tuition assistance policy**
6. **business travel expense policy outlines**
7. **free e-learning**
8. **hazardous waste identification flowchart**

ANEXOS

Estrutura

I. CLASSES DE PALAVRAS

Podemos dividir[1] as palavras em dois grupos:

(1) aquelas que têm um significado em si mesmas, substantivos, adjetivos, verbos e advérbios, e
(2) aquelas que, para gerar um sentido completo, precisam combinar-se a outras,[2] e que são todas as demais.

Nosso foco, aqui nesta seção, é auxiliar você a identificar e utilizar corretamente as palavras do primeiro grupo, para utilizá-las em sua função apropriada nas frases.

Observe a seguir exemplos de trocas de palavra ou função, a correção e a tradução correspondente:

Inglês		***Português***
☹	☺	
critical items to expedition	**critical items to expedite**	itens críticos para expedir
to speak correct	**to speak correctly**	falar corretamente
Normally they have difficults to speak in English.	**Normally they have difficulty speaking English.**	Normalmente eles têm dificuldade de falar em inglês.
adequate the system to a standard	**adapt the system to a standard**	adaptar o sistema a um padrão

Na tabela acima estão apresentadas confusões envolvendo:

nouns X **verbs – expedition X expedite**
adjectives X **adverbs – correct X correctly**
adjectives X **nouns – difficult X difficulty**
adjectives X **verbs – adequate X adapt**

É muito provável que, fazendo esse tipo de confusão, você se faça entender pelo contexto. O fato, porém, é que a comunicação fica acidentada quando o ouvinte ou leitor encontra palavras de uma classe tentando cumprir a função de palavras de outra classe. Num paralelo com português, seria algo como: *Se mudança funcionar das pa-*

[1] Esta divisão é funcional para o que se propõe aqui – evidentemente que, ao tratar da língua, nenhuma grande simplificação sobrevive a análises individuais e detalhadas.
[2] Estamos tratando de palavras, isoladamente, e não de expressões, **phrases** ou **idioms**, que são combinações de palavras para gerar um terceiro significado, específico. Por exemplo: "dar de 10" significa "muito bom", "excelente", mas você não identifica esse significado nessas palavras isoladamente.

lavras confundido. O exemplo é um exagero, mas a impressão causada – de desorganização na frase – é a mesma.

1. IDENTIFICANDO A CLASSE DAS PALAVRAS

Para identificar as classes das palavras, vamos abordá-las a partir de suas partes finais, ou sufixos. Para isso é preciso entender um pouco sobre sua formação.

As palavras têm raízes, que dão conta de seu significado. A outra parte da palavra, ou as outras partes, dá conta de sua classe, que por sua vez estabelece sua função, ou seja, o que aquela palavra pode fazer dentro das frases, que lugar ela pode ocupar.

As raízes podem ser só uma letra, e às vezes se modificam bastante. De um modo geral, observar as partes das palavras, basicamente consistindo na combinação da raiz com a parte final, auxilia em seu uso claro e preciso.

Assim, com a raiz "ger-", em português, e **manag-** em inglês, temos, por exemplo:[3]

ger-		**manag-**	
gerenciamento gerente ...	gerenciar gerencio ...	(1) **management** (2) **manager** ...	(4) **manage**
gerencial ...	gerencialmente	(3) **managerial**	(5) **managerially**

Onde:

raiz	
substantivo(s)	verbo
adjetivo(s)	advérbio

Exemplos de uso:

(1) **Some people say management is a science**. Algumas pessoas dizem que a gestão/o gerenciamento é uma ciência.
(2) **Do you believe a manager is also scientist?** Você acredita que um gerente é também um cientista?
(3) **Managerial skills are different from scientific skills.** Habilidades gerenciais são diferentes de habilidades científicas.
(4) **I don't think a scientist is prepared to manage costs, for instance.** Não acho que um cientista esteja preparado para gerenciar custos, por exemplo.

[3] Observe que tratar as palavras isoladamente é como tirar os peixes da água para estudá-los, ou seja, assim como o meio dos peixes é a água, o meio das palavras são os contextos comunicativos. Por isso é importante sempre pensar as palavras dentro de frases, sendo usadas junto com outras, encadeando informações.

(5) **<u>Managerially</u> speaking, this talk about <u>managers</u> and scientists doesn't really seem to take us anywhere.** <u>Gerencialmente</u> falando, essa conversa sobre <u>gerentes</u> e cientistas não parece estar realmente nos levando a lugar algum.

Mais exemplos:

develop-	
(1) **development** (2) **developer** ...	(4) **develop**
(3) **developmental**	(5) **developmentally**

(1) **We have to work for sustainable development**. Temos de trabalhar para um desenvolvimento sustentável.
(2) **He is a software developer**. Ele é um desenvolvedor de software.
(3) **The consulting services include a set of developmental tools.** Os serviços de consultoria incluem um conjunto de ferramentas de desenvolvimento.
(4) **They attended the training to develop their communication and presentation skills.** Eles assistiram ao treinamento para desenvolver habilidades de comunicação e apresentação.
(5) **There are laws which regulate the hiring of developmentally disabled people**. Existem leis que dispõem sobre a contratação de pessoas com problemas de desenvolvimento.

program-	
(1) **program** (2) **programming** (3) **programmer** ...	(5) **program**
(4) **programmable**	(6) **programmably**

(1) **This program doesn't run on Linux**. Este programa não roda em Linux.
(2) **We need to take some programming lessons to be able to use the system**. Precisamos ter algumas aulas de programação para podermos usar o sistema.
(3) **He became a senior programmer after all.** Ele se tornou um programador sênior afinal.
(4) **These features of the application are fully programmable**. Esses atributos do aplicativo são totalmente programáveis.

(5) **Can you program the messages not to pop up automatically?** Você pode programar as mensagens para não aparecerem na tela automaticamente?
(6) **Programmably-automated systems** Sistemas de automatização programável ("programavelmente automatizados")

De um modo geral, os sufixos têm uma tradução para o português, como foi demonstrado no primeiro quadro. Mas como ocorre nos exemplos anteriores, como

developmentally disabled people e **programmably-automated systems**

O sufixo é compreensível mas não diretamente traduzível na palavra em que aparece.

Por isso é preciso entender a função de cada classe de palavra, que, simplificadamente, é a seguinte:

<table>
<tr><td colspan="2">raiz</td></tr>
<tr><td>substantivo(s)
Dá nome às coisas, representa pessoas, lugares, animais, coisas, estados, qualidades.</td><td>verbo
Representa o que coisas, pessoas, lugares, animais, coisas, estados, qualidades fazem.</td></tr>
<tr><td>adjetivo(s)
Representa a característica das coisas.</td><td>advérbio
Representa a forma, o lugar, o tempo, a freqüência etc. daquilo que o verbo representa (daquilo que se "faz").</td></tr>
</table>

Alguns[4] sufixos comuns em cada classe são:

<table>
<tr><td colspan="2">raiz</td></tr>
<tr><td>substantivo(s)
-ship / –hood / –ness / –ian
-tion / –er / –ee / –ence
-ance / –ency / –ing
-ment / –ism / –ess / –ity / –al
...</td><td>verbo
O que os substantivos fazem
-s / –ed / –ing
-ine / –ute / –ate / –ment
-ify / –en / –ize / –ise / –ish
...</td></tr>
<tr><td>adjetivo(s)
-ible / –able –ive
-y / –al / –ous / –ish
-ary / –ful / –less
-ing / –ed
...</td><td>advérbio
-ly / –wise
...</td></tr>
</table>

[4] São apresentados sufixos que produzem muitas palavras comumente utilizadas – apresentar todos eles pode levar a um detalhamento cansativo e, de certa forma, sem sentido, uma vez que, muito mais do que conhecer cada final de palavra isoladamente, o que se almeja aqui é a compreensão de que cada final de palavra tem o objetivo de enquadrá-la em uma classe, que por sua vez tem funções.

EXERCÍCIOS

A seguir são apresentadas frases com lacunas que é preciso completar com a classe de palavra correta. Para isso, a palavra ou sua raiz é apresentada, assim como os sufixos que serão usados naqueles casos. Para preencher as lacunas, você em alguns momentos vai precisar construir a palavra para então usá-la. As classes são exercitadas em pares. Siga o exemplo:

Verbos x adjetivos

1. **compar–, –able, –e**
   It's better not to *compare* Brazil to China.
   No economy in the world is *comparable* to China's.
2. **confus–, –ing, –ed**
   This contract has many _______statements.
   They _______me to a point where I had to stop reading.
3. **specif–, –ic, –y**
   I was asked to _______ the training objectives very clearly.
   However, the training did not seem to have any _______ objectives.
4. **lack–, –ing, –s**
   Your message _______ consistency.
   Consistency is an important ingredient in written messages. It's the one thing that should never be_______ .
5. **practic–, –e, –al**
   Constant concern about the _______ side of things may cost you the ability to simply enjoy things as they are.
   It's _______ but it's not enjoyable.
6. **complicat–, –e, –ed**
   Mr. Williams presented us with a very _______ production flowchart.
   Why simplify things when you can _______ them?
7. **less, lower**
   You pay _______ than you expect and you can still ask them to _______ prices.
8. **afraid, fear**
   Some people _______ getting older. Others are _______ of dying.

RESPOSTAS

1. **compare** / É melhor não comparar o Brasil com a China.
   comparable / Nenhuma economia do mundo é comparável à da China.
2. **confusing** / Esse contrato tem muitas frases confusas.
   confused / Elas me confundiram a ponto de eu ter de parar de ler.

3. **specify** / Me pediram para especificar os objetivos do treinamento muito claramente.
   specific / Entretanto, o treinamento não parecia ter objetivos específicos.
4. **lacks** / Falta consistência na sua mensagem.
   lacking / Consistência é um importante ingrediente em mensagens escritas. É uma coisa que nunca deveria faltar.
5. **practical** / Preocupação constante com o lado prático das coisas pode custar a você a habilidade de simplesmente desfrutar/aproveitar as coisas como elas são.
   practical / É prático mas não é desfrutável (mas não dá pra aproveitar) .
6. **complicated** / Sr. Williams nos apresentou um fluxo de produção muito complicado.
   complicate / Por que simplificar as coisas quando se pode complicar?
7. **less, lower** / Você paga menos do você espera e você ainda pode pedir a eles para baixar os preços.
8. **fear, afraid** / Algumas pessoas têm medo de envelhecer. Outras têm medo de morrer.

Adjetivos x advérbios

1. **main, –ly**
   Our _______ objective is to cut costs.
   We are _______ concerned with cutting costs.
2. **good, well**
   Your work is _______ .
   You work _______ .
3. **exaggerat-, –ed, –edly**
   Do the alledged effects of global heating sound _______ to you?
   I think we will never be _______ concerned with our home, planet Earth.
4. **different, –ly**
   Some people think _____: they do consider all this warning an exaggeration.
   They must be very _______ people from you and me.
5. **direct, –ly**
   Selling _______ to customers is an advantage.
   _______ sales don't involve the payment of so many indirect costs.
6. **real, –ly**
   What does your team _______ need?
   What are your team's _______ needs?
7. **eas-, –ier, more easily**
   I thought I could work _______ from home.
   I thought it would be _______ to work from home, but it isn't.
8. **success-, –ful, –fully**
   I finished my presentation _______.
   In order to be considered truly _______, your career must be balanced with your life.

RESPOSTAS

1. **main** / Nosso principal objetivo é cortar custos.
   mainly / Nós estamos principalmente preocupados com a redução de custos.
2. **good** / Seu trabalho está bom.
   well / Você trabalha bem.
3. **exaggerated** / Os efeitos do aquecimento global soam exagerados para você?
   exaggeratedly / Acho que nós nunca estaremos exageradamente preocupados com nossa casa, o planeta Terra.
4. **differently** / Algumas pessoas pensam diferentemente: eles consideram todos esses avisos um exagero.
   different / Eles devem ser pessoas muito diferentes de mim e de você.
5. **directly** / Vender diretamente para clientes é uma vantagem.
   direct / Vendas diretas não envolvem o pagamento de tantos custos indiretos.
6. **really** / O que a sua equipe realmente precisa?
   real / Quais são as necessidades reais da sua equipe?
7. **more easily** / Eu pensei que eu poderia trabalhar mais facilmente de casa.
   easier / Eu pensei que seria mais fácil trabalhar em casa, mas não é.
8. **successfully** / Eu finalizei a minha apresentação com sucesso.
   successful / Para que seja considerada bem-sucedida, sua carreira deve ser equilibrada com sua vida.

Substantivos x adjetivos

1. **height, high**
   In Anglo-saxon countries your _______ is measured in feet.
   How _______ is your self-esteem?
2. **govern-, –ment, –mental**
   _______ incentives are all directed to the information technology industry.
   Our _______ is now concerned with the approaching elections.
3. **German, –y**
   How many times have you been to _______?
   A: Is this a _______ technique for project planning? B:Yes, it's called ZOPP.
4. **efficien-, –cy, –t**
   More and more we find there are different ways of viewing _______.
   _______ people are not necessarily the fastest people.
5. **interest, –ing**
   The new method is not _______ enough to keep our attention.
   You showed _______ in his research and he wants you to read all his thesis.
6. **difficult, –y**
   Understanding the various English accents there are is quite _______.
   He had some _______ with presenting the data in English.

7. **initial, beginning**
   At the _______ of this year we modified our flowchart to include a social responsibility area.
   This was the _______ step for a series of important changes that took place in the company.
8. **strateg-, –y, –ic**
   She developed a new _____ to field embarrassing questions about the budget.
   Her _______ reply to questions about the budget was always the same counterquestion.

RESPOSTAS

1. **height** / Em países anglo-saxões sua altura é medida em pés.
   high / Quão alta é sua auto-estima?
2. **governmental** / Incentivos governamentais são todos direcionados para a indústria da tecnologia da informação.
   government / Nosso governo está agora preocupado com as eleições que se aproximam.
3. **Germany** / Quantas vezes você esteve na Alemanha?
   German / A: Essa é uma técnica alemã para planejamento de projeto? B: Sim, se chama ZOPP.
4. **efficiency** / Cada vez mais nós encontramos maneiras diferentes de ver a eficiência.
   efficient / Pessoas eficientes não são necessariamente as mais rápidas.
5. **interesting** / O novo método não é interessante o suficiente para manter nossa atenção.
   interest / Você mostrou interesse pela pesquisa dele e ele quer que você leia toda a dissertação dele.
6. **difficult** / Entender todas as variações de sotaques no inglês que existem é bem difícil.
   difficulty / Ele teve alguma dificuldade com a apresentação dos dados em inglês.
7. **beginning** / No início do ano nós modificamos o nosso organograma para incluir uma área de responsabilidade social.
   initial / Esse foi o passo inicial para uma série de mudanças importantes que aconteceram na empresa.
8. **strategy** / Ela desenvolveu uma nova estratégia para dar boas respostas às perguntas constrangedoras sobre o orçamento.
   strategic / A resposta estratégica dela para perguntas sobre orçamento era sempre a mesma pergunta.

Substantivos x verbos

1. **particip-ate, –ation**
   You should _______ more during conference calls.
   I think more _______ on your part is required during conference calls.
2. **assemb–, –lying, –ble**
   The parts are sent here and we have to _______ the device ourselves.
   _______ devices usually require a lot more patience than expertise.

3. **surviv–, –or, –e**
   In a way, all Brazilian companies are ______.
   It's difficult for small companies to ______ the red tape.
4. **deliver, –y**
   We expected our suppliers to ______ the raw materials on time.
   Delayed ______ can harm the image of the business.
5. **express, –ed, –ion**
   To this day, freedom of ______ is still an issue in many countries.
   I ______ our concern with the security of the personnel after the elections.
6. **reduc–, –e, –tion**
   To ______ costs we will need to let a few people go.
   Cost ______ will involve many layoffs.
7. **prepar–, –e, –ation**
   They didn't ______ for the meeting and performed very badly because of this.
   The ______ for the new product launch was full of unexpected interruptions.
8. **propos–, –ed, –al**
   They ______ a new layout for the hot mustard packaging.
   The new layout ______ was refused by the marketing personnel.

RESPOSTAS

1. **participate** / Você deveria participar mais durante reuniões por telefone.
   participation / Eu acho que uma participação maior da sua parte é necessária durante as reuniões por telefone.
2. **assemble** / As partes são enviadas até aqui e nós temos que montar os dispositivos nós mesmos.
   assemblying / A montagem/Montar dispositivos geralmente requer muito mais paciência do que conhecimento técnico.
3. **survivors** / De certa maneira, todas as empresas brasileiras são sobreviventes.
   survive / É difícil para pequenas empresas sobreviverem à burocracia.
4. **deliver** / Nós esperamos que nossos fornecedores entreguem as matérias-primas a tempo.
   delivery / A entrega atrasada pode prejudicar a imagem do negócio.
5. **expression** / Até os dias de hoje, a liberdade de expresão ainda é um problema em muitos países.
   expressed / Eu expressei a nossa preocupação com a segurança do pessoal depois das eleições.
6. **reduce** / Para reduzir os custos nós precisaremos dispensar algumas pessoas.
   reduction / Redução de custos envolverá muitas demissões.
7. **prepare** / Eles não se prepararam para a reunião e se desempenharam muito mal por causa disso.
   preparation / A preparação para o lançamento do novo produto foi cheia de interrupções inesperadas.
8. **proposed** / Eles propuseram um novo leiaute na embalagem de mostarda apimentada.
   proposal / A proposta do novo leiaute foi recusada pelo pessoal de marketing.

II. CONECTORES

O que caracteriza um conector, de um modo geral, é a presença de verbo em cada segmento que ele une. Um conector costuma unir orações. Dito de outra forma, e considerando que o verbo é o centro da informação a partir do qual são feitas as escolhas dos outros termos da frase, um conector costuma fazer uma ponte entre "fatos" ou "suposições", enfim, entre idéias completas, mostrando a relação que há entre elas, se é uma relação de simples adição, ou de contraste/oposição, ou de comparação, e assim por diante. As categorias de conectores estão a seguir.

Conectores também podem unir só palavras ou grupos de palavras com a mesma função na frase, como por exemplo. Tempo "e" – "ou" – dinheiro.

As listas que seguem têm por objetivo apresentar a você os conectores agrupados pelo tipo de relação que estabelecem entre as idéias. Não houve a preocupação estrita com o que a gramática tradicional denomina "conjunção", e sim, simplesmente, a intenção de compilar palavras que estabelecem nexos. Isso inclui, em alguns casos, advérbios, pronomes etc.

As traduções são, muitas vezes, uma possibilidade apenas.

CATEGORIAS DE CONECTORES
(1) **Addition/Exclusion/Choice** – Adição/Exclusão/Escolha
(2) **Opposition/Contrast** – Oposição/Contraste
(3) **Cause/Effect** – Causa/Efeito
(4) **Comparison** – Comparação
(5) **Time** – Tempo
(6) **Condition/Hypothesis** – Condição/Hipótese
(7) **Specifics** – Especificações

1. ADDITION/EXCLUSION/CHOICE

além disso	**additionally, ...** **besides, ...** **furthermore, ...** **in addition, ...** **moreover, ...**
There were problems with your login. Additionally, we found that your password has expired. **There were problems with your login. Besides, we found that your password has expired.** **There were problems with your login. Furthermore, we found that your password has expired.** **There were problems with your login. In addition, we found that your password has expired.** **There were problems with your login. Moreover, we found that your password has expired.** Houve problemas com seu login. Além disso, descobrimos que sua senha expirou.	

<table>
<tr><td>além de</td><td>in addition to / besides</td></tr>
<tr><td colspan="2">In addition to / Besides our monthly meetings, we will have an extra meeting next Monday.
Além das nossas reuniões mensais, nós teremos uma reunião extra na próxima segunda.</td></tr>
<tr><td>e</td><td>and</td></tr>
<tr><td colspan="2">The company needs a new public image and better advertising.
A empresa precisa de uma nova imagem pública e melhor publicidade.</td></tr>
<tr><td>e ~ também</td><td>and ~ too</td></tr>
<tr><td colspan="2">He has to improve his work skills and his punctuality too.
Ele precisa melhorar suas habilidades de trabalho e sua pontualidade também.</td></tr>
<tr><td>juntamente com</td><td>along with</td></tr>
<tr><td colspan="2">You need to bring your resume along with a photo.
Você precisa trazer seu currículo juntamente com uma foto.</td></tr>
<tr><td>bem como</td><td>as well as</td></tr>
<tr><td colspan="2">You need to present this month's income statement as well as last year's.
Você precisa apresentar o imposto de renda desse mês bem como o do ano passado.</td></tr>
<tr><td>Tanto ~ quanto ~</td><td>both ~ and ~</td></tr>
<tr><td colspan="2">Both the enthusiasts and the skeptics are welcome.
Tanto os entusiastas quanto os céticos são bem-vindos.</td></tr>
<tr><td>Mais</td><td>plus</td></tr>
<tr><td colspan="2">Find the registration form plus the other required documents.
Veja o formulário de registro mais os outros documentos requisitados.</td></tr>
<tr><td>não apenas ~ como também ~</td><td>not only ~ but also ~</td></tr>
<tr><td colspan="2">We need not only to develop a competitive edge but also to be closer to our customers.
Nós precisamos não apenas desenvolver uma vantagem competitiva como também nos aproximar dos nossos clientes.</td></tr>
<tr><td>nem ~ nem ~</td><td>neither ~ nor ~</td></tr>
<tr><td colspan="2">You will neither have to speak in front of this audience nor will you be called on participate. Just pay attention to what is said.
Você nem precisará falar na frente do público nem será chamado para participar. Só precisa prestar atenção no que é dito.</td></tr>
<tr><td>(ou) ~ ou ~</td><td>either ~ or</td></tr>
<tr><td colspan="2">Either innovation or competitive pricing can increase sales.
Ou inovação ou preços competitivos podem aumentar as vendas.</td></tr>
</table>

2. OPPOSITION/CONTRAST

<table>
<tr><td>apesar de</td><td>Despite / in spite of</td></tr>
<tr><td colspan="2">Despite having many social problems, Brazil is managing to grow as an economy.
Apesar de ter muitos problemas sociais, o Brasil está conseguindo crescer como economia.

In spite of having many social problems, we are managing to grow as an economy.
Apesar de termos muitos problemas sociais, nós estamos conseguindo crescer como economia.</td></tr>
<tr><td>embora</td><td>although / though</td></tr>
<tr><td colspan="2">Although he was not the only one qualified for the job, he was hired.
Embora ele não fosse o único qualificado para o emprego, ele foi contratado.

He was hired, though he was not the only one qualified for the job.
Ele foi contratado, embora não fosse o único qualificado para o emprego.

He was hired. He was not the only one qualified for the job, though.
Ele foi contratado. Ele não era o único qualificado para o emprego, porém.</td></tr>
<tr><td>em vez de</td><td>instead of</td></tr>
<tr><td colspan="2">I'd rather write the monthly report myself instead of asking someone else to do it.
Eu prefiro escrever o relatório mensal sozinho em vez de pedir para alguém fazer.</td></tr>
<tr><td>mas</td><td>but</td></tr>
<tr><td colspan="2">I wanted to change the schedule, but it was not possible.
Eu queria mudar o horário, mas não foi possível.</td></tr>
<tr><td>porém</td><td>however</td></tr>
<tr><td colspan="2">We modified the project like you asked us, however it needed more than just a few adjustments.
Nós modificamos o projeto como você nos pediu, porém ele precisou mais do que apenas alguns ajustes.</td></tr>
<tr><td>no entanto</td><td>nevertheless</td></tr>
<tr><td colspan="2">We modified the project like you asked us. Nevertheless, it needed more than just a few adjustments.
Nós modificamos o projeto como você nos pediu. No entanto, ele precisou mais do que apenas alguns ajustes.</td></tr>
<tr><td>por contraste</td><td>in contrast / by contrast</td></tr>
<tr><td colspan="2">This year's investment was very profitable. In contrast, last year's was a disaster. This year's investment was very profitable. By contrast, last year's was a disaster.
O investimento desse ano foi muito rentável. Por contraste, o do ano passado foi um desastre.</td></tr>
</table>

<table>
<tr><td>por um lado _ _ _ por outro lado</td><td>on the one hand _ _ _ on the other hand</td></tr>
<tr><td colspan="2">On the one hand, living in the United States would be very beneficial to my English.
Por um lado, morar nos Estados Unidos seria muito benéfico para meu inglês.

On the other hand, I would be living far away from my family.
Por outro lado, eu estaria morando longe da minha família.</td></tr>
<tr><td>ao passo que</td><td>whereas</td></tr>
<tr><td colspan="2">We all showed up on time, whereas Carlos was 15 minutes late.
Nós todos chegamos no horário, ao passo que Carlos estava 15 minutos atrasado.</td></tr>
<tr><td>caso contrário / senão</td><td>otherwise</td></tr>
<tr><td colspan="2">Our supplier had better fix his quality problems otherwise we are going to have to find someone else.
Seria melhor que nosso fornecedor reparasse seus problemas de qualidade, caso contrário nós vamos ter que encontrar outro.</td></tr>
<tr><td>diferentemente de</td><td>unlike</td></tr>
<tr><td colspan="2">Unlike what was asked Julio is still working with the old program.
Diferentemente do que foi pedido, Julio está ainda trabalhando com o programa antigo.</td></tr>
<tr><td>enquanto</td><td>while</td></tr>
<tr><td colspan="2">I was involved with the billing while he took over the management of the customer service department.
Eu estava envolvido com a cobrança enquanto ele assumiu o gerenciamento do departamento do atendimento ao cliente.</td></tr>
</table>

3. CAUSE/EFFECT

<table>
<tr><td>a razão por que</td><td>the reason why</td></tr>
<tr><td colspan="2">You missed your last payment; this is the reason why I am calling.
Você falhou seu último pagamento, essa é a razão por que eu estou ligando.</td></tr>
<tr><td>Como</td><td>as</td></tr>
<tr><td colspan="2">As you were listening to music and not paying much attention to your work, you deleted the wrong files by mistake.
Como você estava ouvindo música e não estava prestando muita atenção ao seu trabalho, você apagou os arquivos errados por engano.</td></tr>
<tr><td>devido a</td><td>due to</td></tr>
<tr><td colspan="2">There were workforce cutbacks due to an increase in mechanized labor.
Houve redução de funcionários devido ao aumento da mão-de-obra mecanizada.</td></tr>
</table>

<table>
<tr><td>já que</td><td>since</td></tr>
<tr><td colspan="2">Since our company is being bought by our main competitor, there is no more point in developing a competitive approach for the launching of our latest products.
Já que nossa empresa está sendo comprada pelo nosso maior concorrente, não há sentido em desenvolver uma abordagem competitiva para o lançamento dos nossos produtos mais recentes.</td></tr>
<tr><td>Pois</td><td>for</td></tr>
<tr><td colspan="2">We bought the new database software for the old one was completely dated.
Nós compramos o novo software de banco de dados pois o antigo estava completamente ultrapassado.</td></tr>
<tr><td>por causa de</td><td>because of</td></tr>
<tr><td colspan="2">We have been working 60-hour weeks recently because of the product callback.
Nós estamos trabalhando 60 horas semanais de uns tempos para cá por causa do recall.</td></tr>
<tr><td>porque / pois</td><td>because</td></tr>
<tr><td colspan="2">The prices were increased because our costs increased.
Os preços aumentaram porque nossos custos aumentaram.</td></tr>
<tr><td>como resultado (de)</td><td>as a result (of)</td></tr>
<tr><td colspan="2">The division was rewarded as a result of us having worked so hard.
A divisão foi recompensada como resultado de nós termos trabalhado tão duro.</td></tr>
<tr><td>por conseqüência</td><td>consequently</td></tr>
<tr><td colspan="2">There was some tension during the meeting today. Consequently, we didn't come to an agreement.
Houve certa tensão durante a reunião hoje. Conseqüentemente, nós não chegamos a um acordo.</td></tr>
<tr><td>de modo a</td><td>so as to</td></tr>
<tr><td colspan="2">We have been investing in cleaner technology so as to prepare for future environmental regulatory requirements.
Nós temos investido em uma tecnologia mais limpa de modo a nos prepararmos para exigências de regulamentações ambientais futuras.</td></tr>
<tr><td>de modo que / para que</td><td>so that</td></tr>
<tr><td colspan="2">We need to speed up this product development process so that we can stay on our launch schedule.
Nós precisamos acelerar o processo do desenvolvimento desse produto para que nós possamos respeitar nossa agenda de lançamento.</td></tr>
</table>

então	**so**
Our company acquired full ownership of our subsidiary so we could more easily protect our proprietary technology. Nossa empresa adquiriu a propriedade total da nossa subsidiária de forma a podermos proteger tecnologia própria mais facilmente.	
a fim de	**in order to**
We need to invest heavily in automatization in order to maintain a competitive price. Nós precisamos investir pesado em automatização a fim de manter um preço competitivo.	
portanto	**therefore**
The costs of our raw materials are increasing rapidly; therefore I think we should find ways to decrease waste. Os custos das nossas matérias-primas estão aumentando rapidamente, portanto eu acho que nós deveríamos encontrar maneiras de diminuir o desperdício.	

4. COMPARISON

como (à semelhança de)	**like**
In business, like in chess, you must plan each move strategically. Nos negócios, como no xadrez, você deve planejar cada movimento estrategicamente.	
(a maneira) como	**how**
I don't see how we can compete with these overseas manufacturers. Eu não vejo como nós podemos competir com esses fabricantes estrangeiros.	
em comparação (a)	**in comparison (to)**
We are doing very well this year in comparison to our competitors. Nós estamos indo muito bem este ano em comparação com os nossos concorrentes.	
exatamente como	**just as**
He promoted me, just as I thought he would. Ele me promoveu, exatamente como eu pensei que ele faria.	
não tão ~ quanto ~	**not so ~ as ~**
This job is not so demanding as I thought it would be. Esse trabalho não é tão exigente quanto eu pensei que seria.	
quanto mais/menos ~ (tanto) mais/menos ~	**the + *comparison* ~ the + *comparison* ~**
Theoretically, the more questions you ask the more you will learn. Teoricamente, quanto mais perguntas você faz, mais você aprenderá.	

<table>
<tr><td>tal / tais como</td><td>such as</td></tr>
<tr><td colspan="2">We really need to come up with an ingenious add campaign, such as the one that ABC did in the late 90's.
Nós realmente precisamos vir com uma campanha criativa, tal como aquela que a ABC fez no final dos anos 90.</td></tr>
<tr><td>tão ~ quanto ~</td><td>as ~ as ~</td></tr>
<tr><td colspan="2">The suppliers are as interested in delivering the raw material on time as we are in paying them.
Os fornecedores estão tão interessados em entregar a matéria-prima a tempo quanto nós estamos em pagar eles.</td></tr>
<tr><td>como se</td><td>as if</td></tr>
<tr><td colspan="2">She spoke to the CEO as if they were close friends.
Ela falou com o CEO como se eles fossem amigos íntimos.</td></tr>
<tr><td>do que</td><td>than</td></tr>
<tr><td colspan="2">The meeting went much better than we expected.
A reunião foi muito melhor do que nós esperávamos.</td></tr>
</table>

5. TIME

<table>
<tr><td>agora que</td><td>now that</td></tr>
<tr><td colspan="2">Now that our marketing strategies are succeeding, our sales are bound to increase significantly.
Agora que nossas estratégias de marketing estão sendo bem-sucedidas, nossas vendas estão fadadas a aumentar significativamente.</td></tr>
<tr><td>à medida que / quando</td><td>as</td></tr>
<tr><td colspan="2">As the lecturers arrive, give each one of them instructions on how to use the equipment.
À medida que os palestrantes chegarem, dê para cada um instruções de como usar o equipamento.</td></tr>
<tr><td>antes que</td><td>before</td></tr>
<tr><td colspan="2">Send those reports to Marcelo before the meeting begins. He needs to check them.
Envie aqueles relatórios para o Marcelo antes que a reunião comece. Ele precisa revisar eles antes.</td></tr>
<tr><td>assim que / tão logo que</td><td>as soon as</td></tr>
<tr><td colspan="2">Please hand these documents to Renato as soon as he gets here.
Por favor, dê estes documentos para o Renato assim que ele chegar aqui.</td></tr>
</table>

até que	**til / until**
The shipment will not be paid for until the invoice is sent. A remessa não será paga até que a fatura seja enviada.	
depois que	**after**
After I talk to Mari at lunch time I'll send the presentation to the rest of the team members. Depois que eu falar com a Mari na hora do almoço vou enviar a apresentação para o resto dos membros da equipe.	
desde que	**since**
Work has been much easier since they increased our funding. O trabalho tem sido muito mais fácil desde que eles aumentaram nosso financiamento.	
enquanto (ao mesmo tempo que)	**while**
Jose left orders for what is to be done while he is on vacation. José deixou ordens para o que deve ser feito enquanto ele está de férias.	
enquanto (duração)	**as long as**
We will keep our contract with them, as long as they continue to deliver similar results. Nós manteremos nosso contrato com eles, enquanto eles continuarem a entregar resultados similares.	
então	**then**
I'm going to wait for the results. Then I'm going to call him. Eu vou esperar pelos resultados. Então eu vou ligar para ele.	
quando	**when**
I need to know when you think this project will be finished. Eu peciso saber quando você acha que esse projeto será finalizado.	

6. CONDITION/HYPOTHESIS

mesmo se	**even though / even if**
Even though / Even if they gave us a 15% discount, it still wouldn't be a good deal. Mesmo se nos dessem um desconto de 15%, ainda não seria um bom negócio.	
a menos que	**unless**
We won't be able to give anybody a raise, unless we increase our sales. Nós não poderemos dar aumento para ninguém, a menos que nós aumentemos nossas vendas.	

apenas se	**only if**
Our sales will get better only if the company turns its marketing department around. Nossas vendas vão melhorar apenas se a empresa modificar o seu departamento de marketing.	
como se	**as if / as though**
He behaves as if / as though he were the boss. Ele se comporta como se fosse o chefe.	
considerando (que)	**considering (that)**
I think we did a great job considering that we only had one week to complete it. Eu acho que nós fizemos um ótimo trabalho considerando que nós tivemos somente uma semana para terminar.	
desde que	**provided that / as long as**
We should be ready by Thursday provided that / as long as everything goes according to plan. Nós devemos estar prontos até quinta-feira desde que tudo ocorra de acordo com o planejado.	
no caso de	**in case**
Let's take both our laptops, in case mine decides to give me problems again. Vamos levar ambos nossos laptops, no caso de o meu decidir me dar problemas novamente.	
se	**if / whether**
If / Whether it was by skill or by luck, it doesn't matter. He passed. Se foi por habilidade ou por sorte, não interessa. Ele passou.	
se ao menos	**if only**
I could be much more productive if only my boss would leave me alone for a little while. Eu poderia ser muito mais produtivo se ao menos meu chefe me deixasse em paz por um tempo.	
uma vez que	**once**
Come and see me in my office once you've finished what you're doing. Venha me ver no meu escritório uma vez que você tenha terminado o que está fazendo.	

7. SPECIFICS

cujo(a) (s)	**whose**
I want to find out whose car that is in my parking space. Eu quero descobrir de quem é o carro que está na minha vaga de estacionamento.	
onde	**where**
We need to get a new office where we have room to operate. Nós precisamos conseguir um novo escritório onde nós tenhamos espaço para operar.	
o que	**what**
A new quality testing system is what we need. Um novo sistema de testagem de qualidade é o que nós precisamos.	
o(s) qual(is)	**which**
Tom just sold another 3,000 units, which means we have just met our goal of 500,000. Tom acabou de vender outras 3.000 unidades, o que significa que nós acabamos de alcançar nossa meta de 500.000.	
que	**that**
You need to talk to someone that deals with new product development. Nós precisamos conversar com alguém que trate do desenvolvimento de novos produtos.	
que (refere-se a pessoas) / quem	**who**
We need to hire someone who has experience with technology companies. Nós precisamos contratar alguém que tenha experiência com empresas de tecnologia.	

EXERCÍCIOS

Complete as lacunas com o conector apropriado e fornecido abaixo, considerando a categoria, informada entre parênteses ao lado de cada frase:

only if – nor – in spite of – although – since – if – like – neither.... nor – but – until – unless – where – but

1. **The CEO was promoted _________the company booking record losses. (opposition)**
2. **The containers will arrive on time_____ we place the order today. (strong condition)**
3. **We are sending the first part of the shipment today, _____ the second part will not arrive before Friday. (opposition)**

4. **I didn't spread that rumor about him getting fired _______ did I hear anyone spreading it. (exclusion)**
5. **We were unable to work _______ tech support decided to show up. (time)**
6. **Rafael has been excelling ________ we thought he would. (comparison)**
7. **We didn't take any calls that day _________ we knew those reporters wanted to hear about the affair. (condition)**
8. **_________ you have a better idea, I guess my solution will do. (condition)**
9. **_________ he was a skillful negotiator, his attitude left us with no choice ________ to let him go. (opposition)**
10. **________the CEO ______the board of directors was present at the meeting. (exclusion)**
11. **Maria is flying to the city ________the convention will take place. (specifics)**
12. **Felipe will get the promotion _________he's able to show he's ready for it. (hypothesis)**

RESPOSTAS

1. **in spite of** / O CEO foi promovido apesar da empresa registrar perdas recorde.
2. **only if** / Os contêineres chegarão a tempo somente se nós fizermos o pedido hoje.
3. **but** / Nós estamos enviando a primeira parte da carga hoje, mas a segunda parte não chegará antes de sexta-feira.
4. **nor** / Eu não espalhei o rumor de ele ser demitido nem ouvi ninguém espalhando.
5. **until** / Nós estávamos impossibilitados de trabalhar até que o suporte técnico decidiu aparecer.
6. **as / like** / Rafael tem se superado como nós achamos que faria.
7. **since** / Nós não atendemos nenhuma ligação telefônica aquele dia, já que nós sabíamos que os repórteres queriam ouvir sobre o caso.
8. **Unless** / A menos que você tenha uma idéia melhor, eu acho que a minha solução irá resolver.
9. **Although – but** / Embora ele seja um negociador habilidoso, a atitude dele não nos deu outra escolha senão demiti-lo.
10. **Neither.... nor** / Nem o CEO nem a diretoria estavam presentes na reunião.
11. **where** / Maria vai de avião para a cidade onde a convenção vai acontecer.
12. **if** / Felipe ganhará a promoção se ele for capaz de mostrar que está preparado para ela.

Identifique as categorias às quais pertencem os conectores sublinhados:

(1) Addition/Exclusion/Choice
(2) Opposition/Contrast
(3) Cause/Effect
(4) Comparison
(5) Time
(6) Condition/Hypothesis
(7) Specifics

a) ( ) Our company has built new facilities. Moreover, we have hired two hundred new employees.
b) ( ) Lúcia has retired as a result of her chronic health condition. Consequently, we must hire a new manager right away.
c) ( ) I was able to talk to Marcos as we were walking in the parking lot.
d) ( ) You had better focus or else you will never be able to finish the report on time.
e) ( ) The government fined our business partners as well as cancelled their permit.
f) ( ) You should not treat your colleagues as if they were your employees.
g) ( ) I'll let you know about the deal as soon as I get in contact with our new clients.
h) ( ) We won't do business with your company unless your proposal is very appealing.
i) ( ) Despite the fact that the projector failed, José still managed to do his presentation.
j) ( ) I don't know what you told Roberto, but he seems to have lost interest in the negotiation.
k) ( ) We will need a contingency plan in case something unexpected happens at the event.
l) ( ) Not only did I get a salary raise but I also got a promotion.
m) ( ) This department wastes a lot of time with needless repetitive tasks, therefore, we are ordering custom-made software to increase our efficiency.
n) ( ) Our address book is outdated just as any other company's would be after five years out of business.
o) ( ) Your computer never gives you any trouble, whereas mine always does.
p) ( ) There will be no need for us to file for bankruptcy as long as the bank grants us that loan.
q) ( ) Our company has been prosperous since we started doing business with ABC.
r) ( ) On the one hand, we should negotiate with them; on the other hand, their competitors are offering us better prices.
s) ( ) If only we hadn't left such a bad impression at the meeting we might have closed that deal.
t) ( ) Mr. Fontes, either you find that document or we will have a big problem in our meeting with the new suppliers.
u) ( ) I will get a day off for working overtime instead of getting extra pay.
v) ( ) I still don't know which decision is best for the future of our company.

w) ( ) **Cíntia always submits work at the last minute, unlike Patrícia, who's always prepared.**

x) ( ) **It's a ten-day-long seminar. Nevertheless, the discussions will be very useful for us. We need to be there.**

RESPOSTAS

a. (1) Nossa empresa construiu novas instalações. Além disso, nós contratamos duzentos novos funcionários.
b. (3) Lúcia se aposentou como um resultado de sua doença crônica. Conseqüentemente, nós devemos contratar um novo gerente imediatamente.
c. (5) Eu consegui conversar com Marcos enquanto nós estávamos caminhando no estacionamento.
d. (2) Seria melhor você se concentrar ou então você nunca conseguirá terminar o relatório a tempo.
e. (1) O governo multou nossos parceiros de negócios assim como cancelou a sua autorização.
f. (4) Você não deveria tratar seus colegas como se eles fossem seus empregados.
g. (5) Eu aviso você sobre o negócio assim que eu entrar em contato com nossos novos clientes.
h. (6) Nós não vamos fazer negócio com sua empresa a menos que sua proposta seja muito atrativa.
i. (2) Apesar do fato do projetor ter falhado, José ainda conseguiu fazer sua apresentação.
j. (2) Eu não sei o que você falou para o Roberto, mas ele parece ter perdido o interesse na negociação.
k. (6) Nós vamos precisar de um plano de contingência no caso de algo inesperado acontecer no evento.
l. (1) Não somente eu ganhei o aumento de salário como também fui promovido.
m. (3) Esse departamento gasta muito tempo com tarefas repetitivas desnecessárias, portanto nós estamos encomendando um software customizado para aumentar a eficiência.
n. (4) Nossa agenda de endereços está desatualizada assim como a de qualquer outra empresa estaria depois de cinco anos fora do mercado.
o. (2) O seu computador nunca dá problemas, ao passo que o meu sempre dá.
p. (6) Não existe necessidade para nós declararmos falência desde que o banco nos conceda aquele empréstimo.
q. (5) Nossa empresa tem prosperado desde que nós começamos a fazer negócios com a ABC.
r. (2) Por um lado, nós deveríamos negociar com eles, por outro lado, os concorrentes deles estão nos oferecendo preços melhores.
s. (6) Se ao menos nós não tivéssemos deixado uma impressão tão ruim na reunião nós poderíamos ter fechado aquele negócio.
t. (1) Sr. Fontes, ou você encontra aqueles documentos ou nós teremos um grande problema na reunião com os novos fornecedores.
u. (2) Eu vou ter um dia de folga por ter trabalhado horas extras em vez de ganhar um pagamento extra.
v. (7) Eu ainda não sei qual decisão é a melhor para o futuro da nossa empresa.
w. (2) Cintia sempre manda o trabalho no último minuto, diferentemente de Patrícia, que está sempre preparada.
x. (2) É um seminário com duração de dez dias. No entanto, a discussão será muito útil para nós. Nós precisamos estar lá.

Leia as frases que seguem e relacione os significados propostos com o conector correspondente:

1) **That program doesn't work __________ the new system we installed.**
   a) **because of**
   b) **despite**
   c) **unlike**
   ( ) **The new system did not help the program work.** / O novo sistema não ajudou o trabalho de programação.
   ( ) **The new system is responsible for that program's failure.** / O novo sistema é responsável por aquela falha no programa.
   ( ) **The new system works while the program does not.** / O novo sistema funciona enquanto o programa, não.
2) **I won't move to a different city __________ I get a big raise.**
   a) **unless**
   b) **even if**
   c) **and**
   ( ) **Getting a raise doesn't change my opinion about it.** / Ganhar um aumento não muda minha opinião sobre isso.
   ( ) **Getting a raise comes even though I am not moving.** / O aumento vem mesmo que eu não me mude.
   ( ) **Getting a raise is a necessary condition for moving.** / Ganhar um aumento é uma condição necessária para eu me mudar.
3) **Our relationship with the bank got better ________ the manager's attitude.**
   a) **due to**
   b) **in spite of**
   c) **unlike**
   ( ) **The manager's attitude got worse or didn't change.** / A atitude do gerente piorou ou não mudou.
   ( ) **The manager's attitude caused the improvement.** / A atitude do gerente causou a melhora.
   ( ) **The manager's attitude didn't stop the improvement.** / A atitude do gerente não parou a melhora.
4) **________ my career ________ my personal life will be affected by yesterday's revelations.**
   a) **Not only ~ but also**
   b) **Both ~ and**
   c) **Either ~ or**
   d) **Neither ~ nor**

( ) **Both will be affected.** / Ambas serão afetadas.

( ) **The two will not be affected by the revelations.** / As duas não serão afetadas pelas revelações.

( ) **Both will be affected, not just the first one.** / Ambas serão afetadas, não só a primeira.

( ) **One will be affected while the other will not.** / Uma será afetada enquanto a outra, não.

5) **I don't know ________ work is undervalued in this company.**

a) **whose**

b) **where**

c) **when**

d) **how**

( ) **I don't know the mode by which it happens.** Eu não sei o modo pelo qual isso acontece.

( ) **I don't know the person who performs undervalued work.** Eu não conheço a pessoa que faz o trabalho subvalorizado.

( ) **I don't know the location of the undervalued work.** Eu não conheço o lugar desse trabalho subvalorizado.

( ) **I don't know the period during which it happens.** Eu não sei o período em que isso acontece.

6) **The new venture will be considered successful _______ we recover our investment plus 15%.**

a) **only if**

b) **when**

c) **once**

( ) **Recovering the investment plus 15% is the time at which the venture is successful.** / Recuperar o investimento mais 15% é o momento em que o empreendimento é bem-sucedido.

( ) **Recovering the investment plus 15% is a condition of successfulness.** / Recuperar o investimento mais 15% é uma condição de sucesso.

( ) **Recovering the investment plus 15% is the single way to consider the venture successful.** / Recuperar o investimento mais 15% é o único jeito de considerar o empreendimento bem-sucedido.

7) **Next month I will be traveling to Europe ______ the new business unit starts up.**

a) **as**

b) **just as**

c) **as long as**

( ) **The starting of the new business unit at the same time as the trip to Europe.** / A nova unidade de negócios inicia ao mesmo tempo que a viagem para a Europa.

( ) **The new business unit starting is at the same moment as the trip to Europe.** / O início da nova unidade de negócios é/ocorre ao mesmo momento que a viagem para a Europa.

( ) **The trip to Europe is conditional upon the new business unit starting up.** / A viagem para a Europa depende do início da nova unidade de negócios.

8) **My chances for a promotion are much better now ______ the merger.**
   a) **after**
   b) **in spite of**
   c) **as a result of**

   ( ) **The increased chances for promotion came because of the merger.** / O aumento das chances de promoção veio por causa da fusão.

   ( ) **The increased chances for promotion are in contrast to the merger.** / O aumento das chances de promoção está contrastando com a fusão.

   ( ) **The increased chances for promotion came following the merger.** / O aumento das chances de promoção veio após a fusão.

9) **We should keep reams of paper ______ we need them.**
   a) **only if**
   b) **until**
   c) **in case**

   ( ) **The paper should be kept so it is ready should we need it.** / O papel deveria ser guardado de modo a estar disponível para quando nós precisarmos dele.

   ( ) **The paper should not be kept unless necessary.** / O papel não deve ser guardado a menos que necessário.

   ( ) **The paper should be kept for when we need it.** / O papel deveria ser guardado para quando nós precisarmos dele.

RESPOSTAS

1.
(b) Aquele programa não funciona apesar do novo sistema que nós instalamos.
(a) Aquele programa não funciona por causa do novo sistema que nós instalamos.
(c) Aquele programa não funciona diferentemente do novo sistema que nós instalamos.

2.
(b) Eu não vou me mudar para uma outra cidade mesmo que eu ganhe um grande aumento.
(c) Eu não vou me mudar para uma outra cidade e eu ganhe um grande aumento.
(a) Eu não vou me mudar para uma outra cidade a menos que eu ganhe um grande aumento.

3.
(c) Nosso relacionamento com o banco ficou melhor diferentemente da atitude do gerente.
(a) Nosso relacionamento com o banco ficou melhor devido a atitude do gerente.
(b) Nosso relacionamento com o banco ficou melhor apesar da atitude do gerente.

4.
(b) Ambos minha carreira e minha vida pessoal serão afetadas pelas revelações de ontem.
(d) Nem minha carreira nem minha vida pessoal serão afetadas pelas revelações de ontem.
(a) Não só minha carreira mas também minha vida pessoal serão afetadas pelas revelações de ontem.
(c) Ou minha carreira ou minha vida pessoal serão afetadas pelas revelações de ontem.

5.
(d) Eu não sei como o trabalho é desvalorizado nessa empresa.
(a) Eu não sei quem o trabalho é desvalorizado nessa empresa.
(b) Eu não sei onde o trabalho é desvalorizado nessa empresa.
(c) Eu não sei quando o trabalho é desvalorizado nessa empresa.

6.
(b) O novo empreendimento será considerado bem-sucedido quando nós recuperarmos nosso investimento mais 15%.
(c) O novo empreendimento será considerado bem-sucedido uma vez que nós recuperemos nosso investimento mais 15%.
(a) O novo empreendimento será considerado bem-sucedido somente se nós recuperarmos nosso investimento mais 15%.

7.
(a) No próximo mês eu viajarei para Europa quando a nova unidade de negócios iniciar.
(b) No próximo mês eu viajarei para Europa exatamente quando a nova unidade de negócios iniciar.
(c) No próximo mês eu viajarei para Europa desde que a nova unidade de negócios inicie.

8.
(c) Minhas chances de promoção são muito melhores agora como resultado da fusão.
(b) Minhas chances de promoção são muito melhores agora apesar da fusão.
(a) Minhas chances de promoção são muito melhores agora depois da fusão.

9.
(c) Nós deveríamos manter pacotes de folhas de papel no caso de nós precisarmos deles.
(a) Nós deveríamos manter pacotes de folhas de papel somente se nós precisarmos deles.
(b) Nós deveríamos manter pacotes de folhas de papel até nós precisarmos deles.

III. PREPOSIÇÕES

As preposições representam ou são parte integrante de muitos itens das estruturas das línguas que as possuem. Em inglês, as preposições:

a) completam verbos (i) , substantivos (ii) , adjetivos (iii) e advérbios (iv):
   (i) **listen to, think of, talk about, hope for, give to, exchange for etc.**
   (ii) **reason for, increase in, cause of, difference between etc.**
   (iii) **angry with, sorry for, responsible for, surprised at/by etc.**
   (iv) **together with, out on etc.**
b) modificam o significado de verbos[5] (seguem exemplos sem e com a preposição) **call** – chamar, **call off** – cancelar; **get** – "conseguir", **get by** – sobreviver com o que se tem; **hang** – pendurar, **hang up** – desligar o telefone; **check** – conferir, **check in** – formalizar a entrada no hotel, hospital etc.
c) introduzem informações de espaço, tempo, maneira, freqüência etc.
   in the office
   by 10 o'clock
   with ease
   on mondays
   etc.

"Fazendo" tantas coisas,[6] é natural que as preposições sejam mais complexas de compreender e apreender. Um problema comumente encontrado ao tentar compreender as preposições é a tendência de traduzi-las fora do contexto em que aparecem, o que pode fazer com que a tradução disponível simplesmente não se encaixe no uso que está sendo feito. Talvez baste não forçar o significado que você está acostumado a atribuir para, pelo contexto, chegar ao significado daquele uso específico.

Considerando as três aplicações fornecidas acima, a seguir estão listados alguns usos comuns de cada preposição, são usos ou freqüentes ou freqüentemente feitos de forma imprecisa. Os itens não são exaustivos, e têm o objetivo de mostrar como interpretar as preposições.

Importante: Nem todas as preposições apresentam usos em todos os itens.

[5] É interessante observar a tendência de tratar verbos de duas ou três palavras do inglês, também chamados **phrasal verbs**, como algo sem qualquer paralelo com o português. Se dissermos "tomar" vamos lembrar de "beber", se dissermos "tomar por" vamos lembrar de "considerar". Não seria essa modificação comparável ao inglês? Ao traçar esses paralelos nos aproximamos de compreender e dominar, ainda que indiretamente, os mecanismos da outra língua.

[6] As preposições compõem expressões diversas, que não são abordadas aqui pois esta é uma relação sintética e destinada a oferecer uma visão básica e geral do uso das mesmas.

Aboard

*Introduz informações:

Espaço – a bordo (de)

He traveled aboard a space shuttle.
Ele viajou a bordo de uma nave espacial.

About

*Completa classes de palavras:

Verbo

Boast about – gabar-se de
The new CEO likes to boast about his achievements in other companies.
O novo CEO gosta de se gabar das realizações dele em outras empresas.

Substantivo

Concern about – preocupação com
There is little concern about the reliability of the new operating system.
Há pouca preocupação com a confiabilidade do novo sistema operacional.

Adjetivo

Worried about – preocupado com (a ponto de agir)
I am worried about Jaime, he's been giving me reasons to speak to his psychiatrist.
Eu estou preocupado com Jaime, ele vem me dando motivos para falar com o psiquiatra dele.

*Compõe **phrasal verbs**

Be about (to do something) – estar prestes a
I am about to move to Brasília.

Eu estou prestes a me mudar para Brasília.

Bring about – causar

This latest lawsuit could bring about our company's downfall.
Essa ação judicial mais recente poderia causar a ruína da nossa empresa.

Go about – ocupar-se com

Don't mind my interruption, go about your business.
Não se importe com minhas interrupções, ocupe-se com o que está fazendo.

See about – providenciar

I am going to see about getting you a pay increase.
Eu vou providenciar um aumento de salário para você.

*Introduz informações:

Espaço – em volta (de)

Stop moving about the table.
Pare de se mover em volta da mesa.

Tempo – aproximadamente

It's about 5 o'clock.
São aproximadamente 5 horas.

Outros – sobre

He enjoys reading about Japan.
Ele aprecia ler sobre o Japão.

Above

*Introduz informações:

Espaço – acima de

All the figures above the spreadsheet are correct.
Todos os números acima da planilha estão corretos.

Across

*Compõe **phrasal verbs**

Come across / run across – deparar-se com

Give me a call if you come across the ABC Corporation file.
Me dê uma ligada se você se deparar com o arquivo da Corporação ABC.

Cut across – atalhar

Traffic on the freeway is horrible; it's faster if you cut across town.
O trânsito na via expressa está horrível; é mais rápido se você atalhar pela cidade.

*Introduz informações:

Espaço – do outro lado (de) / para o outro lado (de) / através (de)

Several airlines fly across the Atlantic.
Diversas empresas aéreas voam através do Atlântico.

After
*Completa classes de palavras: Verbo **Seek after** – procurar **We are seeking after a new distribution model for our product.** Nós estamos procurando um novo modelo de distribuição para o nosso produto. **Go after** – ir depois (seguir) **You go after James in the presentation today.** Você vai depois do James na apresentação hoje. Adjetivo **Named after** – chamado / batizado / conforme **Callahan Auto is named after its founder, Thomas Callahan.** A Callahan Auto recebeu seu nome conforme seu fundador, Thomas Callahan.
*Compõe **phrasal verbs** **Go after** – procurar **I need you to go after new business while not forgetting our current customers.** Eu preciso que você procure novos negócios, não esquecendo dos nossos clientes atuais. **Look after** – cuidar **Could you look after the dogs while I'm on vacation?** Você poderia cuidar dos cachorros enquanto eu estou de férias? **Take after** – puxou a (semelhança por parentesco) **I think Antony takes after his father.** Eu acho que Antony puxou ao pai.
*Introduz informações: Espaço – atrás de / em busca de **Walk after me.** Caminhe atrás de mim. Tempo – depois de **Please, call me after 4 p.m.** Por favor, me ligue depois das 4 da tarde. Outros – de acordo com **A presentation after our CEO's style.** Uma apresentação de acordo com o estilo do nosso presidente.

Against

*Completa classes de palavras:

Verbo

Protect against – proteger contra

We keep lawyers on retainer to protect us against possible lawsuits.
Nós pagamos advogados regularmente para nos proteger contra possíveis ações judiciais.

Fight against – lutar contra

Our company fights against hunger.
Nossa empresa luta contra a fome.

Defend against – defender contra

It is difficult to defend against all possible market threats.
É difícil se defender contra todas as possíveis ameaças de mercado.

Substantivo

Crime against – crime contra

Tax fraud is a crime against the state.
A fraude de impostos é um crime contra o Estado.

Shelter against – abrigo/proteção contra

We pay insurance premiums every month as shelter against any possible major loss in the future.
Nós pagamos as parcelas do seguro todos os meses como proteção contra qualquer possível perda importante no futuro.

*Compõe **phrasal verbs**

Run against – fazer campanha (política) contra

I can't believe anyone would like to run against such a strong incumbent.
Eu não acredito que alguém gostaria de fazer campanha contra um adversário tão forte (candidato a reeleição, portanto exercendo o cargo).

Turn against – passar a não gostar

I can't believe he would turn against us like that and go to work for out biggest competitor.
Eu não posso acreditar que ele passaria a não gostar de nós e iria trabalhar com o nosso maior concorrente.

Have against – ter contra

What is it you have against Argentineans?
O que é que você tem contra argentinos?

*Introduz informações:

Espaço – contra, em

When speaking to an audience, you should never do things like leaning against the wall.
Quando estiver falando em público, você nunca deve fazer coisas como se escorar contra a parede.

Outros – em contraste com

Paint our new logo against the white wall.
Pinte nossa nova logomarca em contraste com a parede branca.

Along

*Completa classes de palavras:

Verbo

Bring along – trazer junto

Why don't you bring the intern along to the meeting, it would be a good learning experience for him.
Por que você não traz o estagiário junto para a reunião, seria uma boa experiência de aprendizado para ele.

Come along – vir junto

I want you to come along with me and act as my interpreter.
Eu quero que você venha junto comigo e atue como meu intérprete.

Drag along – arrastar junto

I hate the theater but my wife often drags me along with her.
Eu odeio teatro mas minha esposa costuma me arrastar junto com ela.

*Compõe **phrasal verbs**

Play along – fazer de conta que coopera

Why don't you quit being contrary and play along once in a while?
Por que você não pára de contrariar e faz de conta que coopera de vez em quando?

Go along – acompanhar

You either go along with the new regulations or face the consequences.
Ou você acompanha as novas regulamentações ou encara as conseqüências.

*Introduz informações:

Espaço – ao longo de / por

Go along the hall and turn right.
Vá pelo corredor e vire à direita.

Tempo – durante / em

I am going to visit our southern branch and I think I'll stop at a few others along the way.
Eu visitarei nossa filial do sul e eu acho que eu vou parar em algumas outras no caminho.

Outros – de acordo com / em

A new agreement has been made along the lines of the previous one.
Um novo acordo foi feito na linha do anterior.

Among

*Completa classes de palavras:

Verbo

Walk among – caminhar por entre
I like to walk among all the big and loud machines in the factory. I'm a bit of a wacko, you know?
Eu gosto de caminhar por entre todas as grandes e barulhentas máquinas na fábrica. Sou meio maluco, sabe?

Select among – selecionar alguém entre
I want you to select among you subordinates for your replacement.
Eu quero que você selecione alguém entre seus subordinados para sua substituição.

Stand among – estar entre
This company stands among the best in the nation.
Esta empresa está entre as melhores da nação.

Substantivo

Cooperation among – coperação entre
Cooperation among our research units will greatly help our development productivity.
A cooperação entre nossas unidades de pesquisa ajudará enormemente a produtividade do nosso (setor de) desenvolvimento.

Stranger among – estranho em meio a
After returning from four years in China I felt like a stranger among my own people.
Depois de retornar de quatro anos na China, eu me senti como um estranho em meio ao meu próprio povo.

Adjetivo

Distributed among – distribuído entre
These gadgets should be generously distributed among the visitors.
Esses objetos mecânicos devem ser generosamente distribuídos entre os visitantes.

*Introduz informações:

Espaço – entre / em meio a

He was standing among a crowd of admirers.
Ele estava em meio a uma multidão de admiradores.

Outros – entre

Painting the walls pink is definitely not among our priorities.
Pintar as paredes de rosa definitivamente não está entre as nossas prioridades.

Around / Round

*Completa classes de palavras:

Verbo

Walk around – em volta de

On nice days I like to walk around the block on my lunch break.
Nos dias bonitos eu gosto de caminhar em volta da quadra no meu intervalo de almoço.

*Compõe **phrasal verbs**

Go around – burlar
We need to make sure that no one can go around our network security.
Nós precisamos ter certeza de que ninguém pode burlar a nossa segurança de rede.

Hanging around – ficar por aí

Quit hanging around my office all the time. I need to get some work done.
Pare de ficar por aqui no meu escritório o tempo todo. Eu preciso fazer meu trabalho.

Show around – ciceronar
Could you show our clients around the city on Tuesday evening?
Você poderia ciceronear os nossos clientes pela cidade terça-feira à noite?

Kid around – ficar de brincadeiras
This is a serious problem. I need you to quit kidding around and listen to me.
Este é um problema sério. Eu preciso que você pare de brincadeiras e me escute.

*Introduz informações:

Espaço – ao redor de / em volta de

We went jogging around the park.
Nós fomos correr ao redor do parque.

Tempo – em torno de

I'll arrive around 5 o'clock.
Eu chegarei por volta das 5 horas.

At
*Completa classes de palavras: Verbo **Driving at** – dirigir a (determinada velocidade) **He was driving at an unsafe speed.** Ele estava dirigindo a uma velocidade não segura. **Run at** – correr em direção a **The dog ran at me.** O cachorro correu em minha direção. Substantivo **Arrival at** – chegada em **Will anyone be there for our client's arrival at the airport?** Vai estar alguém lá para a chegada do nosso cliente no aeroporto? Adjetivo **Amazed at** – surpreso com **I am amazed at how resourceful Jane is.** Eu estou surpresa de como Jane é rica em soluções. **Slow at** – devagar em **Why is our accounting department so slow at getting sales figures to us?** Por que sua contabilidade é tão devagar em nos conseguir os números das vendas? **Excellent at** – excelente em **João is excellent at negotiating with suppliers.** O João é excelente em negociar com fornecedores.
*Compõe **phrasal verbs** **Jump at** – agarrar (uma chance, oportunidade) **She jumped at the chance to move to Rio.** Ela agarrou a chance de se mudar para o Rio. **Get at** – descobrir / identificar **I'm trying to get at why the new software isn't selling so well.** Eu estou tentando descobrir o porquê do novo software não estar vendendo bem.
*Introduz informações: Espaço – em, a **I enjoy staying at home, writing at the dinner table.** Eu aprecio ficar em casa, escrevendo à mesa de jantar. Tempo – em / as (horas) **Our meeting starts at 9 o'clock.** Nossa reunião começa às 9 horas.

Before
*Completa classes de palavras: Verbo **Kneel before** – ajoelhar-se diante de **The worshippers kneeled before the image of their god.** Os adoradores ajoelharam-se diante da imagem do deus deles.
*Introduz informações: Espaço – diante de **He stood in silence before the judge.** Ele ficou em silêncio diante do juiz. Tempo – antes de **Would you like some coffee before the meeting?** Você gostaria de um café antes da reunião?

Behind
*Completa classes de palavras: Verbo **Duck behind** – esquivar-se por trás de **He ducked behind the tree so he wouldn't be seen.** Ele se esquivou por trás das árvores para não ser visto.
*Introduz informações: Espaço – atrás (de) **I was sitting behind Paulo's secretary.** Eu estava sentada atrás da secretária do Paulo. Tempo – **We are behind schedule.** Nós estamos atrasados na/com a agenda. Outros – dando suporte / origem a / por trás **I don't know who's behind this new regulation, but I'm sure to find out.** Não sei quem está por trás dessa nova regulamentação, mas tenho certeza de que vou descobrir.

Below
*Completa classes de palavras: Verbo **Rank below** – estar classificado/posicionado abaixo de **According to the hierarchical organization of companies, managers rank below CEOs.** De acordo com a organização hierárquica das empresas, gerentes estão posicionados abaixo de presidentes.
*Introduz informações: Espaço – abaixo de **The second topic is discussed in more detail below the second paragraph.** O segundo tópico é discutido em mais detalhes abaixo do segundo parágrafo. Outros – abaixo de **The steel our supplier gave us is below our quality standards.** O aço que nosso fornecedor nos deu está abaixo dos padrões de qualidade.

Besides
*Introduz informações: Outros – além de **There is no one here besides us.** Não tem ninguém aqui além de nós.

Between
*Completa classes de palavras: Substantivo **Comparison between** – comparação entre **What is the comparison between our operating system and theirs?** Qual é a comparação entre o nosso sistema operacional e o deles? **Connection between** – conexão entre **Can you check the connection between my monitor and my computer?** Você pode verificar a conexão entre meu monitor e meu computador? **Difference between** – diferença entre **The difference between you and I is that I care whether or not this company succeeds.** A diferença entre você e eu é que eu me importo se esta empresa é bem-sucedida ou não.

*Introduz informações:

Espaço – **between ~ and ~** / entre ~ e ~
The meeting room is between HR and R&D.[7]
A sala de reunião é entre o RH e P&D.

Tempo – entre
The workshops usually end between 7 and 8 p.m.
As oficinas geralmente terminam entre 7 e 8 da noite.

Beyond

*Introduz informações:

Espaço – além de

Don't stand beyond the yellow line.
Não pare em pé além da linha amarela.

This is way beyond anything I expected.
Isso está muito além do que eu esperava.

By

*Completa classes de palavras:

Adjetivo

Puzzled by – confuso com
We were puzzled by the outcomes of the marketing survey.
Nós ficamos confusos com os resultados da pesquisa de marketing.

Shocked by – chocado com
I was shocked by the news of the layoffs.
Eu fiquei chocado com a notícia das demissões.

Annoyed by – perturbado com
I am annoyed by your lack of effort.
Eu estou perturbado com sua falta de esforço.

*Compõe **phrasal verbs**

Stop by – dar uma chegada
Why don't you stop by the house tonight for dinner?
Por que você não dá uma chegada em casa hoje à noite para a janta?

Fly by – passar
I can't believe how fast this last year has flown by.
Eu não acredito como esse último ano passou rapidamente.

[7] **Research & Development** – Pesquisa & Desenvolvimento.

*Introduz informações:

Espaço – ao lado de / perto de

She is the one sitting by the window.
Ela é aquela sentada perto da janela.

Tempo – por volta de / até

The flight is scheduled to arrive by 12:30.
O vôo está marcado/agendado para chegar por volta de 12:30.

Outros – ~ + **verb-ing** ao fazer/fazendo alguma coisa

It is possible to save money by budgeting carefully.
É possível economizar dinheiro fazendo orçamentos cuidadosamente.

Outros – da autoria de/por

This is a full report by the department manager at headquarters.
Este é um relatório completo de autoria do gerente de departamento na matriz.

Our efforts were intensified by the motivational speakers hired by HR.
Nossos esforços foram intensificados pelos palestrantes motivacionais contratados pelo RH.

Down

*Compõe **phrasal verbs**

Die down – amenizar

I am going to wait until the rain dies down.
Eu vou esperar até a chuva amenizar.

Let down – deixar na mão

I hope the team doesn't let me down this year.
Eu espero que a equipe não me deixe na mão este ano.

Nail down – confirmar

I'm trying to nail down what the exact problem is.
Eu estou tentando confirmar qual é o problema exato.

*Introduz informações:

Espaço – abaixo de / para baixo de

Someone pushed him and he fell down the stairs.
Alguém empurrou ele e ele caiu escada abaixo.

During

*Introduz informações:

Tempo – durante

He stayed in Rio de Janeiro during the winter.
Ele ficou no Rio de Janeiro durante o inverno.

For

*Completa classes de palavras:

Verbo

Apply for – candidatar-se a
Are you going to apply for the new supervisor position?
Você vai se candidatar à nova vaga de supervisor?

Long for – ansiar por
I long for the day I can retire.
Eu anseio pelo dia que eu poderei me aposentar.

Pay for – pagar por
How are you going to pay for that?
Como você vai pagar por isso?

Substantivo

Admiration for – admiração por
I have great admiration for anyone who donates their time to charity.
Eu tenho grande admiração por qualquer um que doe seu tempo para caridade.

Credit for – crédito por
I have to give you credit for your unique thinking.
Eu tenho que te dar crédito por originalidade de pensamento.

Reason for – razão para
There is no reason for us to stay late. We can finish tomorrow.
Não tem razão para nós ficarmos até tarde. Nós podemos terminar amanhã.

Adjetivo

Notorious for – notório por
This company is notorious for its late deliveries.
Esta empresa é notória por suas entregas atrasadas.

Late for – atrasado para
Excuse me, I need to leave. I'm late for an appointment.
Desculpe-me, eu preciso ir. Estou atrasado para um compromisso.

(Be) sorry for – desculpar-se por
I am sorry for the interruption but I need to speak with you.
Desculpe-me pela interrupção, mas eu preciso falar com você.

*Compõe **phrasal verbs**

Fish for – tentar conseguir

I was fishing for an invite but he never gave it to me.
Eu estava tentando conseguir um convite, mas ele nunca me deu um.

Stand in for – substituir

Greg isn't feeling well so we need someone to stand in for him during the presentation.
Greg não está se sentindo bem, então nós precisamos de alguém para substituí-lo durante a apresentação.

*Introduz informações:

Tempo – (por "um período de tempo") / há (tempo)

He has worked in HR for five years.
Ele trabalha em RH há cinco anos.

Outros – para (o benefício de)

That surprise party was arranged for you.
Aquela festa surpresa foi organizada para você.

From

*Completa classes de palavras:

Verbo

Benefit from – beneficiar-se de

The new version will benefit from all we learned making the first one.
A nova versão vai se beneficiar de tudo que nós aprendemos fazendo a primeira.

Emerge from – emergir de
The company is set to emerge from bankruptcy in February.
A empresa está pronta para emergir da falência em fevereiro.

Hide from – esconder-se de
Have you seen Tina? I think she is trying to hide from me.
Você viu a Tina? Eu acho que ela está tentando se esconder de mim.

Come from – vir de
I come from a small town in the interior.
Eu venho de uma cidade pequena no interior.

Substantivo

Protection from – proteção contra
Our security devices offer customers protection from all sorts of dangers.
Nossos dispositivos de segurança oferecem aos clientes proteção contra todos os tipos de perigo.

Excerpt from – excerto de

This is an excerpt from the company manual.
Esse é um excerto do manual da empresa.

Adjetivo

Different from – diferente de

We are different from our competitors in that we provide excellent support services.
Nós somos diferentes dos nossos concorrentes à medida que nós oferecemos serviços de suporte excelentes.

Safe from – seguro contra

If we diversify our investments we can stay safe from massive losses.
Se nós diversificarmos nossos investimentos nós podemos ficar seguros contra grandes perdas.

Free from – livre de

This firm has been free from scandal so far and I intend to keep it that way.
Essa firma tem estado livre de escândalos até agora e eu pretendo mantê-la dessa forma.

*Compõe **phrasal verbs**

Stem from – originar-se em

All of our problems stem from our problems with marketing.
Todos os nossos problemas originam-se em nossos problemas com marketing.

Keep from – esconder (algo) de (alguém)

My boss always knows when I'm keeping something from her.
Minha chefe sempre sabe quando eu estou escondendo alguma coisa dela.

*Introduz informações:

Espaço – de (origem)

I am from Brazil.
Eu sou do Brasil.

Tempo – **from** (~ **to**) de ~ a

We work from 9 a.m. to 5 p.m.
Nós trabalhamos das 9 da manhã às 5 da tarde.

Outros – de (causa)

We got tired from trying so hard.
Nós cansamos de tanto tentar.

In
*Completa classes de palavras: Verbo **Arrive in** – chegar em **The inspectors will arrive in less than an hour.** Os inspetores chegarão em menos de uma hora. **Believe in** – acreditar em **I really believe in the power of word of mouth advertising.** Eu realmente acredito no poder da propaganda feita por indicações. **Drown in** – afogar-se em **I can't talk to you right now because I am drowning in work.** Eu não posso falar contigo agora porque eu estou afogado em trabalho. **Invest in** – investir em **Management has finally chosen to invest in updated equipment.** A gerência finalmente escolheu investir em equipamentos mais atualizados. Substantivo **Delay in** – atraso em **There has been a delay in production.** Houve um atraso na produção. **Expert in** – perito em **Jorge is an expert in securities law.** Jorge é um perito em leis de títulos de créditos. **Pleasure in** – prazer em **I take no pleasure in staying late here at work, but it is something I have to do.** Eu não tenho prazer em ficar até tarde aqui no trabalho, mas isso é algo que eu tenho que fazer. Adjetivo **Interested in** – interessado em **Are you interested in coming to the conference with me?** Você está interessado em vir à conferência comigo? **Successful in** – bem-sucedido em **I don't know how someone can be so successful in their work as well as personal life.** Eu não sei como que alguém pode ser bem-sucedido na vida profissional bem como pessoal.
*Compõe **phrasal verbs** **Break in** – acostumar **We need to give the new intern some easy assignments to break him in.** Nós precisamos dar para o novo estagiário algum trabalho fácil para ele se acostumar. **Cut in(on)** – interromper **I don't want to cut in on your conversation here but I need you in my office now.** Eu não quero interromper sua conversa aqui, mas preciso de você no meu escritório agora.

*Introduz informações:

Espaço – em / dentro (de)

The team met in the auditorium.
A equipe se encontrou no auditório.

Tempo – em (meses; períodos de tempo)

The company's next forum will be in December.
O próximo fórum da empresa será em dezembro.

Outros – em (maneira)

He lives in constant fear of credit card cloning.
Ele vive com medo constante de clonagem de cartão de crédito.

Into

*Completa classes de palavras:

Verbo

Crash into – chocar-se contra

Keep your eyes on the road or you're going to crash into someone.
Mantenha seus olhos na estrada ou você vai se chocar contra alguém.

Translate into – traduzir para/em

I need you to take this memo and translate it into Portuguese.
Eu preciso que você pegue esse memorando e traduza-o para o português.

*Compõe **phrasal verbs**

Get into – meter-se em

Why is Fabricio always the one getting into trouble?
Por que Maurício é sempre aquele que se mete em confusão?

Grow into – transformar em

This new technology should help us grow into a market leader.
Essa nova tecnologia deveria nos ajudar a nos transformar em um líder de mercado.

*Introduz informações:

Espaço – em / para dentro de

He walked into the room.
Ele entrou na sala. (Ele caminhou para dentro da sala.)

Near
*Introduz informações: Espaço – perto de **The new branch is near the city hall.** A nova filial é perto da prefeitura. Tempo – perto de **The next meeting will take place near lunch time.** A próxima reunião acontecerá perto do horário do almoço. Obs: **near** é também um adjetivo: **Near East**, Oriente Próximo, **near miss accident**, acidente com "quase" perda.

Of
*Completa classes de palavras: Verbo **Approve of** – aprovar **I didn't approve of this purchase.** Eu não aprovei essa compra. **Hear of** – ouvir falar em **Have you ever heard of a "congeneric merger" before?** Você já ouviu falar em "fusão de congêneres" antes? **Compose of** – compor-se de **Our brakes are composed of high grade steel and graphite.** Nossos freios são compostos de grafite e alumínio de alta qualidade. **Tire of** – cansar-se de **I am tiring of these unsolicited sales calls at the office.** Eu estou cansando dessas ligações de vendas não solicitadas no escritório. **Dream of** – sonhar com **I often dream of the day that I will be able to retire.** Eu freqüentemente sonho com o dia que eu poderei me aposentar. Substantivo **Advantage of** – vantagem em **I plan on taking advantage of the long weekend.** Eu planejo tirar vantagem do longo fim de semana (aproveitar) .

Knowledge of – conhecimento de

Do you have any knowledge of Brazilian environmental law?
Você tem algum conhecimento da legislação ambiental brasileira?

Intention of – intenção de

This company has no intention of becoming a monopoly.
Essa empresa não tem a intenção de se tornar um monopólio.

Adjetivo

Aware of – consciente de

Are you aware of any upcoming layoffs?
Você está conciente das demissões que estão por vir?

Capable of – capaz de

Bozo is perfectly capable of handling the negotiation on his own.
O Bozo é perfeitamente capaz de manejar/levar a negociação sozinho.

Envious of – invejoso de

I am completely envious of my brother's company's healthcare plan.
Eu estou completamente invejoso do plano de saúde da empresa de meu irmão.

*Introduz informações:

Outros – de

She was in a position of power.
Ela estava em uma posição de poder.

Out (of)

*Compõe **phrasal verbs**

Get out – sair de

We need to get out of retail sales; we've lost too much money there.
Nós precisamos sair das vendas no varejo; nós perdemos muito dinheiro com isso.

Straighten out – resolver

I need you to fly to Tokyo and straighten out some problems we've been having.
Eu preciso que você voe para Tóquio e resolva alguns problemas que nós estamos tendo.

Run out (of) – ficar sem

We are running out of time to prepare for the new environmental regulations.
Nós estamos ficando sem tempo para nos prepararmos para as novas regulamentações ambientais.

*Introduz informações:

Espaço – fora de

The equipment is already out of the box.
O equipamento já está fora da caixa.

Off

*Compõe **phrasal verbs**

Trade off – troca

It's a trade off; our old customers won't like it, but it could earn us many new ones.
É uma troca; os nossos clientes antigos não vão gostar, mas poderia nos render muitos novos clientes.

Start off – começar

Today I want to start off with a run before I go to work.
Hoje eu quero começar com uma corrida antes de ir para o trabalho.

Hold off(on) – segurar, conter

We need to hold off on any more purchasing until we clear up the budget.
Nós precisamos segurar qualquer outra compra até nós definirmos o orçamento.

*Introduz informações:

Espaço – ("Para longe") de

Pull the wrapping off the present.
Tire a embalagem do presente.

On

*Completa classes de palavras:

Verbo

Base on – basear em

I base my estimations on every year's sales figures.
Eu baseio minhas estimativas nos números de vendas de cada ano.

Elaborate on – aprofundar

Could you elaborate on how you hope to increase sales by 30%?
Você poderia aprofundar como você espera aumentar as vendas em 30%?

Insist on – insistir em

I insist on having Ben come to the meeting in Cairo with me.
Eu insisto em ter Ben comigo na reunião no Cairo.

Substantivo

Focus on – foco em

It is time we focused on providing high quality products, not just low prices.
É hora de colocarmos foco em fornecer produtos de alta qualidade, não só preço baixo.

Adjetivo

Dependent on – dependente de

Our success is completely dependent on the success of our most recent software version.
Nosso sucesso é completamente dependente do sucesso da nossa versão mais recente do software.

*Compõe **phrasal verbs**

Sit on – bloquear (um processo)

How long have you been sitting on this information?
Há quanto tempo você está bloqueando essa informação?

Build on – aproveitar (algo) para ir além

We need to build on our past successes in order to achieve success in the future.
Nós precisamos aproveitar o nosso sucesso do passado para alcançar sucesso no futuro.

Hold on – esperar

Can you hold on for just a minute? This is a very important call.
Você pode esperar só um minuto? Esta é uma ligação muito importante.

*Introduz informações:

Espaço – em / sobre

All the paper clips are on the floor.
Todos os clipes de papel estão no chão.

Tempo – em (dias do mês; da semana)

The employees may leave early on Fridays.
Os funcionários podem sair mais cedo nas sextas.

Outros – com base em / a respeito de / sobre
She wrote a book on Business Management.
Ela escreveu um livro sobre Gestão de Negócios.

Opposite

*Introduz informações:

Espaço – em frente a
The meeting room is opposite the Call Center.
A sala de reunião é em frente à Central de Chamadas.

Outside (of)
*Introduz informações: Espaço – fora de / do lado de fora de **The police officer is outside the building.** O policial está do lado de fora do prédio.

Over
*Completa classes de palavras: Verbo **Triumph over** – triunfar sobre **He triumphed over his competitors.** Ele triunfou sobre seus concorrentes. Substantivo **Control over** – controle de / sobre **We don't have complete control over the actions of our employees.** Nós não temos um controle completo sobre as ações dos nossos funcionários. **Authority over** – autoridade sobre **Do you think you have some kind of authority over the board of directors?** Você acha que tem algum tipo de autoridade sobre a diretoria?
Compõe **phrasal verbs** **Hand over** – passar adiante **The CEO is due to hand over his responsibilities at the end of the month.** O CEO deve passar adiante as suas responsabilidades no fim do mês. **Tide over** – sustentar **We need a little money to tide us over until our new products hit the market.** Nós precisamos um pouco de dinheiro para nos sustentar até o nosso novo produto chegar ao mercado.

Introduz informações: Espaço – (por) sobre / acima de / do outro lado de **They crossed over the bridge.** Eles atravessaram a ponte. Tempo – durante/por um período superior a **The trainees have spent over a month in the USA.** Os trainees passaram mais de um mês nos EUA.

Past

*Introduz informações:

Espaço – (passando) por

We walked past the bookstore and forgot to buy the stationery.
Nós passamos pela livraria e esquecemos de comprar material de escritório.

Tempo – depois de

The conference call starts at a quarter past two.
A reunião por telefone começa às 14:15.

Since

Introduz informações:

Tempo – desde

They have worked here since 2001.
Eles trabalham aqui desde 2001.

To

*Completa classes de palavras:

Verbo

Add to – acrescentar a

Do you have anything to add to what was said at the meeting today?
Você tem alguma coisa para acrescentar ao que foi dito na reunião hoje?

Listen to – ouvir

You should listen to Reinaldo; he knows what he is talking about.
Você deveria ouvir Reinaldo; ela sabe o que está falando.

Refer to – consultar

For background information on the subject refer to the file in the company archives.
Para ter informações sobre o histórico do assunto consulte o documento nos arquivos da empresa.

Substantivo

Access to – acesso a

Who has access to our customers' personal data?
Quem tem acesso aos dados pessoais dos nossos clientes?

Link to – ligação com

What is our link to the information leak in Egypt?
Qual é a nossa ligação com o vazamento de informação no Egito?

Adjetivo

Accustomed to – acostumado a

I am accustomed to working much longer hours in China.
Eu estou acostumado a trabalhar muito mais horas na China.

Exposed to – exposto a

We are exposed to too much risk with our real estate holdings.
Nós estamos expostos a riscos demais com nossas empresas de vendas de imóveis.

Superior to – superior a

Our quality control systems are far superior to our competitors'.
Nossos sistemas de controle de qualidade são muito superiores aos dos nossos concorrentes.

*Compõe **phrasal verbs**

See to – cuidar de

I want you to see to our suppliers visiting from Germany.
Eu quero que você cuide dos nossos fornecedores da Alemanha que estão nos visitando.

Turn to – voltar-se para

Who do you turn to when you need questions answered?
Para quem você se volta quando precisa de respostas para suas perguntas?

*Introduz informações:

Espaço – para (direção, finalidade)

We are going to the office.

Outros – de

The changes to our organizational structure are pressing.
As mudanças da nossa estrutura organizacional são urgentes.

Toward(s)

*Completa classes de palavras:

Substantivo

Attitude toward – atitude em relação a

What is your attitude towards the privatization of State assets?
Qual é a sua atitude em relação à privatização das propriedades do Estado?

Cruelty toward – crueldade para com

They are being prosecuted for cruelty towards animals because of some incidents in their slaughterhouse.
Eles estão sendo processados por crueldade para com os animais por causa de alguns incidentes na casa de abate.

*Introduz informações:

Espaço – na direção de

He walked toward me with an angry expression in his eyes.
Ele caminhou em direção a mim com uma expressão de raiva nos seus olhos.

Through

*Compõe **phrasal verbs**

Breeze through – enfrentar sem dificuldade

I breezed through the written exam but I am a little worried about the interview.
Eu enfrentei sem dificuldade a prova escrita, mas eu estou um pouco preocupado com a entrevista.

Get through – chegar ao fim

I am going to need a lot of coffee to get through today.
Eu vou precisar de muito café para passar o dia.

Go through – passar por

We have gone through a lot to build such a successful company.
Nós passamos por muitas coisas para construir uma empresa tão bem-sucedida.

*Introduz informações:

Espaço – através de / por dentro de

The visitors walked through the hall.
Os visitantes caminharam através do corredor.

Tempo – durante (todo o período de)

She will have to work a lot through the next few days.
Ele terá que trabalhar muito durante os próximos dias.

Outros – através (de)

The hard facts became known through his decision to quit his job.
A realidade objetiva se tornou conhecida através da decisão dele de se demitir.

Throughout

*Introduz informações:

Espaço – através de (todo/a(s)) / por todo/a(s)

There is an auditor examining accounts throughout the company.
Tem um auditor examinando a contabilidade por toda a empresa.

Tempo – através de (do início ao fim de)

Our company has been successful throughout this decade.
Nossa empresa tem sido bem-sucedida através dessa década.

Under
*Introduz informações: Espaço – embaixo de / debaixo de / sob **The report is under that pile of papers.** O relatório está embaixo daquela pilha de papéis. Outros – sob / em **Save this file under "Accounts receivable".** Salve esse arquivo em "Contas a receber".

Until
*Introduz informações: Tempo – até **I didn't remember the password until the end of the meeting, when it was no longer necessary.** Eu não me lembrei da senha até o final da reunião, quando já não era mais necessária.

Up
*Introduz informações **Verbo** **Finish up** – terminar completamente **You need to finish up your report before the meeting on Tuesday.** Você precisa terminar todo o relatório antes da reunião na terça-feira. *Compõe **phrasal verbs** **Strike up** – começar **I can't believe the way he can strike up a conversation with anyone.** Eu não posso acreditar como ele pode começar uma conversa com qualquer um. **Back up** – dar apoio **Thanks for backing me up with the boss yesterday.** Obrigada por me dar apoio com o chefe ontem. **Add up** – fazer sentido **Why would he quit right before he was due for promotion? It just doesn't add up.** Por que ele iria pedir demissão logo antes de ser promovido? Isso não faz sentido.
*Introduz informações: Espaço – para cima (de) / acima (de) **The store is up the street.** A loja fica nesta rua, acima.

Within
*Introduz informações: Espaço – dentro de **Seek for the truth within yourself.** Procure pela verdade dentro de você mesmo. Tempo – dentro de **Within the past few weeks, five new employees have been hired.** Dentro das últimas semanas, cinco novos funcionários foram contratados.

Without
*Compõe **phrasal verbs** **Do without** – ficar sem **We can't do without the Internet.** Não podemos ficar sem a internet.
*Introduz informações: Outros – sem **Please, don't go without me.** Por favor, não vá sem mim.

With
*Completa classes de palavras: verbo **Meet with** – reunir-se com **I need to meet with the board as soon as possible.** Eu preciso me reunir com a diretoria o mais rápido possível. **Deal with** – lidar com **I don't have time to deal with this, give it to my secretary.** Eu não tenho tempo para lidar com isso, dê para minha secretária. **Quarrel with** – discutir com **Why are you quarreling with Jane in shipping?** Por que você está discutindo com a Jane na expedição? Substantivo **Difficulty with** – dificuldade com **I have been having difficulty with this speech for the annual shareholders' meeting.** Eu tenho tido dificuldade com esse discurso para a reunião anual dos acionistas.

Relationship with – relacionamento com

What is you relationship with the Senator?
Qual é a sua relação com o senador?

Connection with – conexão entre/com

I am worried about the president's connection with known mafia crime bosses.
Eu estou preocupado com a conexão entre o presidente e conhecidos chefes da máfia do crime.

Adjetivo

Annoyed with – perturbado com

I have become annoyed with your constant negative attitude.
Eu estou ficando perturbado com sua constante atitude negativa.

Bored with – entediado com

I am bored with this project; I can't wait for something new.
Eu estou entediado com esse projeto; eu mal posso esperar por algo novo.

Dissatisfied with – insatisfeito com

I am very dissatisfied with the way the company's service representatives treated me.
Eu estou muito insatisfeito com a maneira como os representantes do atendimento da empresa me trataram.

---

*Compõe **phrasal verbs**

Side with – concordar com / ficar de acordo com

I am going to have to side with Jessica on this one.
Eu vou ter que concordar com a Jessica dessa vez.

Bear with – ter paciência

Bear with me, John. I'm dense.
Tenha paciência comigo, John. Sou lento.

---

*Introduz informações:

Outros – com

I will be with you in a moment.
Eu estarei com você em um momento.

IV. VERBOS – PADRÕES, FORMAS, TEMPOS E USOS

Para compreender bem o sistema verbal do inglês é necessário olhar separadamente para as formas que os verbos têm, os padrões que apresentam, ou ainda as estruturas que exigem, e então os tempos, ou **tenses**, em que podem ser expressos. Normalmente, damos muita atenção aos usos de cada **tense**, e acabamos encontrando/cometendo imprecisões que demonstram inconsciência das formas e dos padrões verbais.

Inglês		***Português***
☹	☺	
My career in the last year grows up a lot of.	**My career grew a lot last year.**	Minha carreira cresceu muito ano passado.
Now I am more worry about the test.	**Now I am more worried about the test.**	Agora eu estou mais preocupado com o teste.
Before I decide to study Psychology I was thinking to be a nutritionist.	**Before I decided to study Psychology I was thinking about being a nutritionist.**	Antes de decidir estudar psicologia eu tinha pensado em ser nutricionista.
Last weekend we was going a Fogo de Chão.	**Last weekend we went to Fogo de Chão.**	Semana passada nós fomos ao Fogo de Chão.
The purchase was already placed many weeks ago.	**The purchase had already been made many weeks ago.**	A compra já tinha sido feita muitas semanas antes.
If I can't resolve the case I will let my manager knows about it.	**If I can't solve the problem I will let my manager know about it.**	Se eu não conseguir resolver o problema vou informar meu gerente a respeito.
I complete until level 2.	**I completed the course/training/classes through level 2.**	Eu completei o curso/treinamento/as aulas até o nível 2.

1. PADRÕES

Considere o verbo como o protagonista das frases, aquela palavra ou conjunto de palavras em torno das quais se unem as demais, para satisfazer às exigências de informar. Observe como os diferentes verbos que você usa têm exigências diferentes, e até mesmo como essas exigências podem mudar conforme o uso que você faz do verbo.

Por exemplo, se você disser, "Eu leio muito à noite", está informando que tem o hábito da leitura. Nesse uso de "ler" não é necessário dizer o que você lê, porque se trata de um hábito. Mas se disser: "Eu li e achei que estava faltando alguma coisa", embora não seja informado na frase o que você leu, em algum momento, antes ou depois de dita a frase, essa informação vai ter de aparecer, caso contrário a frase ficará insuficiente.

Mesmo que o contexto informe do que se está falando, como supomos ser o caso no exemplo dado anteriormente em português, as estruturas em inglês, definidas pelos padrões dos verbos, exigem o "preechimento de seus espaços". Na maioria dos casos, mesmo que esteja claro aquilo de que você está falando, ainda assim o espaço destinado àquela informação terá de ser preenchido na frase. E aí temos um padrão, o mais comum de todos, que podemos representar:

QUEM ou O QUE + FAZ O QUE + O QUE

Ou

Sujeito + verbo + objeto

☹	☺
I complete until level 2.	**I completed the course/training/classes through level 2.**

No exemplo da imprecisão acima deveria ser preenchido o espaço do objeto, que poderia ser simplesmente:

I completed [it] until level 2.

Corrija as frases abaixo acrescentando **it, one, them:**

1. The solution is to be a better software engineering team and to [test] more exhaustively.
2. They can [buy] quickly through an electronic process.
3. A: (...) a partner? B: Yes, I'm [looking for], but it's hard.
4. There's a great amount of information we receive every day and I have to [filter] a lot.
5. (current software developments) We copy a lot and we try to adapt all these technologies to our reality.

1. **The solution is to be a better software engineering team and to test it more exhaustively.** A solução seria ser uma equipe de engenharia de software melhor e testar (o aplicativo) mais exaustivamente.
2. **They can buy it quickly through an electronic process.** Eles podem comprar (a mercadoria) rapidamente por um processo eletrônico.

3. **A: (...) a partner? B: Yes, I'm looking for one, but it's hard.** A: Um parceiro? B: Sim, estou procurando (por um), mas é difícil.
4. **There's a great amount of information we receive every day and I have to filter it a lot.** Há uma grande quantidade de informações que recebemos todos os dias e eu tenho de filtrar (essa informação) muito.
5. **(current software developments) We copy them a lot and we try to adapt all these technologies to our reality.** (desenvolvimentos de software atuais) Nós copiamos (eles) muito e tentamos adequar todas essas tecnologias à nossa realidade.

2. PADRÕES GERAIS

Embora esse tópico possa ser bastante detalhado, fazendo com que cada padrão fornecido se desdobre em vários outros, para fins de uma comunicação internacional clara é importante ter em mente a existência desses "espaços" básicos que devem ser preenchidos e entender que é a escolha do verbo e do que você quer dizer com ele que define quais as informações que devem ser fornecidas. A propósito, os dicionários fornecem os padrões dos verbos, dentro de previsões de usos que são comumente feitos dos mesmos. Os exemplos fornecidos abaixo, com **work, freeze** e **arrive**, mostram que, com alguma alteração de contexto e alguma modificação na estrutura, verbos comumente intransitivos (sem exigência de objeto) podem ter usos transitivos. Os bons dicionários também apontam essas possibilidades.[8]

Estes são os elementos que compõem as frases de acordo com os padrões verbais básicos. São apresentados em frases afirmativas, pois o foco é o "preenchimento" dos espaços nas estruturas.

		Esta ordem é uma tendência, não uma regra:		
QUEM ou O QUE	FAZ O QUE	QUANDO	ONDE	COMO
Our boss	**worked**	**all morning**	**in his room**	**behind closed doors.**
The screen	**froze**	**when we turned the PC on again.**	–	–
Our plane	**arrived**	**on time.**	–	–
The company founder	**died**	–	–	**of lung cancer.**

[8] A propósito de dicionários: para os bilíngües, é virtualmente impossível a uma obra de referência apresentar todas as possibilidades de tradução de todos os termos, por isso pode muitas vezes acontecer de um significado dado não encaixar com o uso feito. Sempre que puder, prefira os dicionários inglês-inglês.

		Esta ordem é uma tendência, não uma regra:			
QUEM ou O QUE	FAZ O QUE	QUEM ou O QUE	QUANDO	ONDE	COMO
Our boss	**worked on**	**his presentation**	**all morning**	**in his room**	**behind closed doors.**
The defective PC	**froze**	**my application**	**when I accessed it.**		**–**
We	**arrived at**	**a new solution**	–	–	**with the team.**
The company founder	**died to**	**all of us**	**when he sold the company to our worst competitor.**	–	–
We	**will continue to have**	**problems with extra working hours**	–	**in this company.**	–
Mr Lima	**enjoyed**	**meeting with the candidates**	**after their interviews.**		–

		Esta ordem é uma tendência, não uma regra:				
QUEM ou O QUE	FAZ O QUE	(para/a/...) QUEM	(para/a/...) O QUE	QUANDO	ONDE	COMO
The instructor	**gave**	**us**	**some tips**	**during the hands-on training.**	–	–
The new manager	**presented**	**our team**	**with extraordinary tools.**	–	–	–
Procurement	**bought**		**several new desks.**	–	–	–

		e/ou	e/ou	e/ou	e/ou
QUEM ou O QUE	"FAZ"[9] O QUE	QUEM ou O QUE	QUANDO	ONDE	COMO
This table	**seems**	–	–	–	**very simple.**
This	**is**	**the production flowchart.**	–	–	–
The meeting	**will be**	–	**tomorrow**	**in John's room.**	–
His address to the board	**sounded**	–	–	–	**lik a complaint.**
You	**look**	–	–	–	**tired.**

Os padrões verbais segundo as gramáticas são muito mais numerosos e detalhados do que o que está apresentado aqui. Essa apresentação não tem a intenção de substituir ou invalidar esse detalhamento, mas sim de oferecer uma alternativa para a sua construção de frases básicas no dia-a-dia, a partir dos padrões mais básicos que existem. Pensar na informação que cada parte da sua frase fornece e construir a frase para que atenda à finalidade comunicativa desejada é algo que depende muito menos de consultas e muito mais de ponderação sobre a forma como a frase é formada e de quanto cada requisito de informação está sendo preenchido. Trata-se de um recurso baseado naquilo que você deseja informar e que por isso depende muito mais de você. Ao mesmo tempo, esse recurso fortalece sua autonomia comunicativa, que é o objetivo maior deste livro.

[9] **To be, to seem, to look, to appear** etc. não são dinâmicos; por isso a pergunta FAZ O QUE aqui é usada para representar o verbo, como nas outras tabelas, sem no entanto poder ser aplicada por causa da natureza desses verbos, chamados "de ligação" na gramática tradicional.

EXERCÍCIO

Identifique as perguntas que cada parte das frases abaixo responde. Observe que as perguntas são adaptadas a cada caso, principalmente ao verbo e seu tempo. Em muitos casos, não existirá uma regra fixa para a divisão, por isso este exercício é mais uma oportunidade de pensar sobre como as frases são construídas do que de entrar em contato com soluções prontas para a redação.

1. **The branch must pay special attention to avoid duplication of efforts.**
2. **The new approach to ABC's operations was outlined during the presentation.**
3. **Focusing on the things the customer wants is the key to an effective and efficient operation.**
4. **Our next meeting will be at headquarters.**
5. **The new instructor's just arrived.**
6. **Someone arrived earlier to set up the room.**

RESPOSTAS

1

O QUE	DEVE FAZER O QUE	O QUE
The branch A filial	**must pay special attention to avoid** deve prestar especial atenção para evitar	**duplication of efforts.** duplicação de esforços.

2

O QUE	"FOI COMO"	QUANDO
The new approach to ABC's operations A nova abordagem às operações da ABC	**was outlined** foi delineada	**during the presentation.** durante a apresentação.

3

O QUE	"FAZ O QUE'	O QUE
Focusing on the things the customer wants Focar nas coisas que o cliente quer	**is** é	**the key to an effective and efficient operation.** a chave para uma operação eficaz e eficiente.

4

O QUE	"VAI FAZER O QUE"	ONDE
Our next meeting Nossa próxima reunião	**will be** vai ser	**at headquarters.** na sede.

5

QUEM	QUANDO	"FEZ O QUE'
The new instructor (has)* O novo instrutor	**just** recém	**arrived.** chegou.

* As informações QUANDO e COMO em tempos compostos podem aparecer entre o auxiliar e o verbo. **You have certainly seen this**. Você certamente viu isso.

6

QUEM	FEZ O QUE	QUANDO	"PARA FAZER O QUE"
Someone Alguém	**arrived** chegou	**earlier** mais cedo	**to set up the room.** para preparar a sala.

3. FORMAS

Formas específicas para cada tempo, como temos profusamente em português, são apenas o presente e o passado. Os demais tempos são construídos a partir de combinações de auxiliares com as formas base, particípio do presente e do passado. As formas estão esquematizadas a seguir, com exemplos para verbos regulares e irregulares. Observe atentamente a representação gráfica em cada forma, pois ela será utilizada nos diagramas dos tempos verbais que integram este tópico.

Uma tabela com as formas dos verbos irregulares organizados por semelhança também aparece a seguir.

	base form	**present participle**	PAST	*past participle*
Regular verb **Ex "to type"**	**type**	**typing**	TYPED	*typed*
Irregular verb **Ex "to go"**	**go**	**going**	WENT	*gone*

DIFERENÇA IMPORTANTE

O particípio do passado funciona como adjetivo, uma característica, tanto em inglês quanto em português. Isso, claro, quando o uso do verbo permitir sua transformação para tal (**arrive**, por exemplo, não se enquadra nesse caso, pois nada "fica **arrived**") :

I typed the document. The document was typed. – A typed document.

Eu digitei o documento. O documento foi digitado. – Um documento digitado.

The meeting was scheduled. A scheduled meeting.

A reunião foi agendada. Uma reunião agendada.

Etc.

O particípio do presente, que aprendizes de inglês costumam ser instruídos para interpretar como sendo apenas o gerúndio, ou aquela forma em que o verbo é substantivado em inglês, também funciona como adjetivo. Isso só acontece em inglês.

I was typing a document and made a typo, a typing error.
Eu estava digitando um documento e fiz um erro, um erro de digitação.
typing = de digitação (nesse contexto)

I was scheduling the meeting on the system and it showed a scheduling inconsistency.
Eu estava agendando a reunião no sistema e apareceu uma inconsistência de agendamento.
scheduling = de agendamento (nesse contexto)

O **–ing**, que em inglês compõe formas verbais e também adjetivos, apresenta em português as seguintes equivalências aproximadas (funciona para os casos que têm tradução direta):

To interest – interessar
Interesting – interessando e interessante

An interesting subject – um assunto interessante

To change – mudar
Changing – mudando e mutante

"The changing fortunes of time" – os destinos mutantes do tempo
Desiderata

...

To comply – adequar-se às regras

Complying – adequa|ndo|-se às regras – adequ|ado| às regras (pela natureza do que está sendo comunicado, a tradução é feita com o particípio do passado mesmo)

A fully complying system – um sistema totalmente adequado

...

O –**ing** também forma o substantivo a partir do verbo (a ação de...) :

Feeling – sentimento

Hearing – audição

Learning – aprendizagem

...

EXERCÍCIO

Classifique a função da palavra em destaque conforme as opções a seguir. Siga o exemplo:

(1) característica

(2) ação

(3) nome ("coisa")

1. **Our understanding (3) of the situation is that you need to leave immediately.**
2. **Match each highlighted word with its corresponding ( ) function.**
3. **He thinks that there's something missing ( ) on slide 10, which is the closing ( ) slide.**
4. **This heading ( ) you wrote here is too long.**
5. **"We have become a culture in which 'doing' ( ) something, anything, is celebrated. In essence, we're no longer human beings ( ) , but have become human doings ( )." Gregg Jacobs, *in* The Tyranny of the Thinking ( ) Mind**
6. **International direct dialing ( )**
7. **In the meeting ( ) we were asked to clarify our previous statements. In fact, we were feeling ( ) under high pressure to admit things that were not true.**
8. **It's not very exciting ( ) to stand in line for this long.**

RESPOSTAS

1. **(3)** Nosso entendimento da situação é de que você tem de ir embora imediatamente
2. **(1)** Combine cada palavra destacada com sua função correspondente.

3. (2) – (1) Ele acha que tem algo faltando no slide 10, que é o slide de fechamento.
4. (3) Esse título que você escreveu é muito longo.
5. **(2, "fazer" ou 3, "o ato de fazer" a realização)** (3) – (3) – (1) Nos tornamos uma cultura onde fazer algo, qualquer coisa, é festejado. Em essência, não somos mais seres humanos, mas nos tornamos fazeres humanos. GJ em A Tirania da Mente Pensante.
6. (3) Discagem direta internacional
7. (3) – (2) Na reunião nos foi solicitado esclarecer nossas afirmações anteriores. Na verdade, estávamos nos sentindo sob forte pressão para adimitir coisas que não eram verdadeiras.
8. (1) Não é muito estimulante ficar na fila esse tempo todo.

4. TABELA DE IRREGULARES

base form	PAST	past participle
	Todas as formas iguais	
cut	**CUT**	**cut**
put	**PUT**	**put**
hurt	**HURT**	**hurt**
let	**LET**	**let**
set	**SET**	**set**
shut	**SHUT**	**shut**
hit	**HIT**	**hit**

base form	past	past participle
	-D	**–d**
find	**FOUND**	**found**
hear	**HEARD**	**heard**
pay	**PAID**	**paid**
say	**SAID**	**said**
sell	**SOLD**	**sold**
tell	**TOLD**	**told**
feed	**FED**	**fed**
lead	**LED**	**led**
hold	**HELD**	**held**

base form	PAST	past participle
	-T	–t
get BrE get	GOT GOT	gotten got
light	LIT	lit
meet	MET	met
shoot	SHOT	shot
sit	SAT	sat
build	BUILT	built
feel	FELT	felt
keep	KEPT	kept
leave	LEFT	left
lend	LENT	lent
lose	LOST	lost
send	SENT	sent

base form	PAST	past participle
	-GHT	–ght
bring	BROUGHT	brought
buy	BOUGHT	bought
catch	CAUGHT	caught
fight	FOUGHT	fought
seek	SOUGHT	sought
teach	TAUGHT	taught
think	THOUGHT	thought

base form	past	past participle
	-EW	–wn
blow	BLEW	blown
draw	DREW	drawn
fly	FLEW	flown
know	KNEW	known
throw	THREW	thrown

base form	PAST	past participle
	-A- + consonant(s)	–u– + consonant(s)
begin	BEGAN	begun
drink	DRANK	drunk
ring	RANG	rung
shrink	SHRANK	shrunk
sink	SANK	sunk
swim	SWAM	swum

base form	PAST	past participle
	miscellaneous	–e
become	BECAME	become
come	CAME	come
do	DID	done
go	WENT	gone
make	MADE	made
shine	SHONE	shone

base form	PAST	past participle
	-E	–en
break	BROKE	broken
choose	CHOSE	chosen
ride	RODE	ridden
rise	ROSE	risen
speak	SPOKE	spoken
wake	WOKE	woken
eat	ATE	eaten
give	GAVE	given
forgive	FORGAVE	forgiven
bite	BIT	bitten
fall	FELL	fallen
forget	FORGOT	forgotten
hide	HID	hidden
shake	SHOOK	shaken
see	SAW	seen
take	TOOK	taken

base form	PAST	past participle
	-O + consonant(s)	-O + consonant(s)
swear	SWORE	sworn
wear	WORE	worn
win	WON	won

5. TEMPOS – TENSES

Em linhas gerais, os tempos anteriormente apresentados representam ações que são:

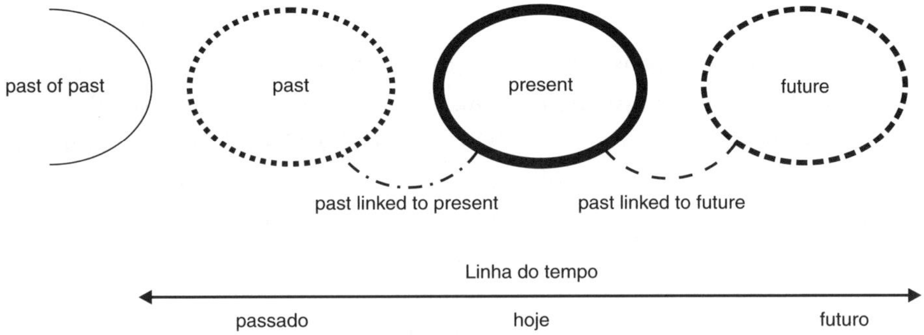

Present – presente, também chamado **simple present**:

- Abrangentes, perenes.
- Regulares, habituais, repetidas.
- Futuras com agendamento.
- Fatos e verdades ou o que o falante deseja que seja fato ou verdade.

Past – passado, também chamado **simple past:**

- Concluídas e possíveis de ser identificadas com início e fim na linha do tempo.
- Fatos no passado.

Past linked to present – passado ligado ao presente, também chamado **present perfect:**

- Concluídas ou não, mas impossíveis de ser identificadas com um fim, na linha do tempo, expressando realizações, experiência, ações que acontecem mais de uma vez desde algum momento do passado até o presente.

Future – futuro

- Planos, promessas, previsões.

Present linked to future – presente ligado ao futuro, também chamado **future perfect**

- Concluídas antes de um determinado momento futuro.

Past of past – passado do passado, também chamado **past perfect**

- Concluídas antes de um determinado momento passado.

> HÁBITOS NO PASSADO
>
> **Used to + do something (base form)** = costumava/costumávamos/costumavam + fazer algo (infinitivo)
>
> **I used to believe every tense in Portuguese corresponded to a tense in English, but I realized it was all wrong.** Eu costumava acreditar que todos os tempos em inglês correspondiam a um tempo em português, mas me dei conta de que estava tudo errado.

A seguir são apresentados os tempos em uso dentro do contexto de um relato sobre a vida de um profissional da área de energia. Os mesmos usos, ou usos de acordo com o contexto da história, iniciados com WE CAN SUPPOSE THAT..., aparecem dentro dos quatro diagramas apresentados adiante, que por sua vez sintetizam os tempos verbais na voz ativa e passiva, com e sem as formas contínuas.

> AN EXPATRIATE'S ACCOUNT
>
> **Last December I came to Brazil on an assignment for my employer, ABC. ABC is a company that focuses on marketing products involving renewable energy sources and energy efficiency. In the United States I had worked for them as Director of New Ventures. My department investigated new energy technologies in hopes of finding new products that could be brought to market profitably. Here in Brazil I have been directing a similar department in our new joint venture with a Brazilian company called DEF. This company manufactures and sells machinery and products involved with biofuels.**
>
> **I had been preparing myself and my family for life in a foreign country before coming here. I began by reading about the experiences of other expatriates so I could get an idea about how I needed to prepare. I also studied the language, read about the culture and talked to a few contacts I had that had spent significant time in Brazil. However, I don't think you can ever fully prepare for living abroad. Now that I am here there are so many differences that I could have never imagined; from the taste of the milk to the layout of the city. I am being very good about trying to fully integrate myself and my family into the culture. I have become used to my new home. All the little differences that confused me so much upon my arrival have become normal. But now my time here is coming to an end. By the time I leave I will have lived here for over two years. As I will be returning to the United States soon I am beginning to worry about being able to readjust. I wonder how I will be able to deal with the snow again and I think I will miss the vibrancy of the people here in Brazil.**

6. ACTIVE – ATIVA

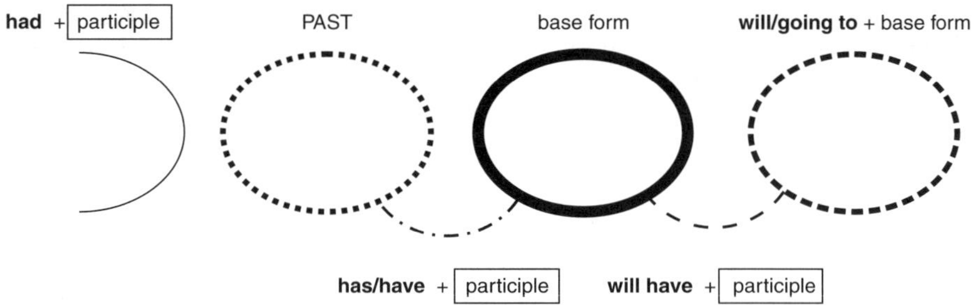

In the United States I had worked for ABC as Director of New Ventures. Some of my contacts had spent significant time in Brazil.	Last December I CAME to Brazil. (When I WAS in the US), my department INVESTIGATED new energy technologies. I BEGAN (to prepare for life in a foreign country) by reading about the experiences of other expatriates. I NEEDED to prepare. I also STUDIED the language, READ about the culture and TALKED to a few contacts I HAD.	I have become used to my new home. All the little differences that confused me so much upon my arrival have become normal.	ABC is a company. ABC focuses on products related to renewable energy. The Brazilian co. manufactures and sells machinery and products involved with biofuels. I don't think you can ever fully prepare for living abroad. I am here. There are so many differences.	By the time I leave I will have lived here for over two years.	I wonder how I will be able to deal with the snow. I will miss the vibrancy of the people here in Brazil.

7. ACTIVE CONTINUOUS – ATIVA COM CONTÍNUAS[10]

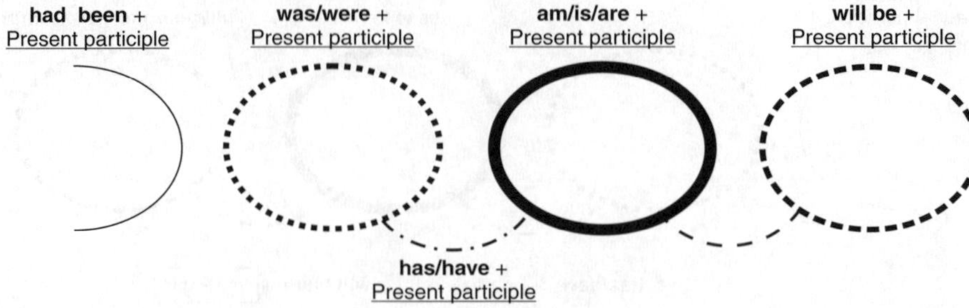

	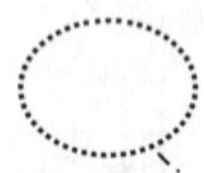			
I had been preparing myself and my family for life in a foreign country before coming here.	**WE CAN SUPPOSE THAT** **He read as much as possible about Brazil when he was preparing for the trip.**	**Here in Brazil I have been directing a similar department (to the one I ran in the US)**	**I am being very good about trying to fully integrate myself and my family into the culture.** **Now my time here is coming to an end.** **I am beginning to worry about being able to readjust.**	**I will be returning to the United States soon.**

Obs.: O futuro do passado, **future perfect**, foi propositalmente excluído, pois praticamente não ocorre. O mesmo se aplica para este e outros tempos nas próximas tabelas.

[10] Verbos entendidos em inglês como representando um estado ou algo que não podemos ver alguém fazendo, como **know**, **need**, **want**, **see**, **have**, por exemplo, não costumam ser usados na forma contínua a menos que tenham um uso dinâmico. Por exemplo: **see** em **I see you now x I'm seeing you next week.** O primeiro caso não comportaria uma forma contínua, pois não é dinâmico, ao passo que o segundo caso, sim, pois aqui **see** é sinônimo de "encontrar".

8. PASSIVE – PASSIVA

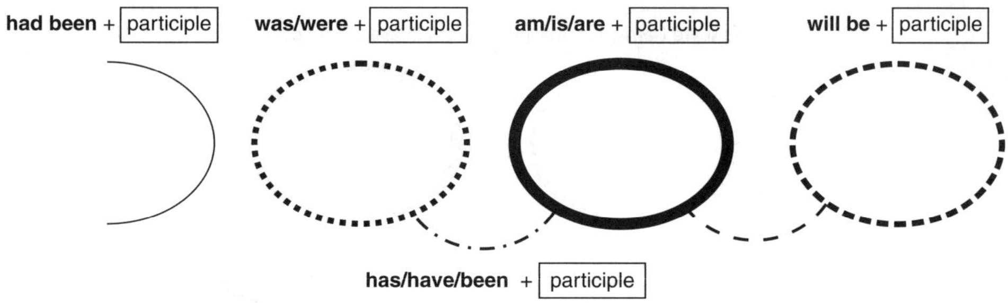

	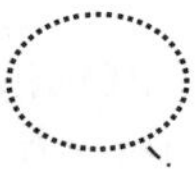			
WE CAN SUPPOSE THAT his family had been instructed to avoid talking to strangers in the streets.	WE CAN SUPPOSE THAT his papers were taken care of by the ABC and DEF personnel department.	WE CAN SUPPOSE THAT Nothing wrong has been found in his papers.	The Brazilian company is called DEF.	WE CAN SUPPOSE THAT he and his family will be sent abroad on another assignment soon (because of their experience as expatriates).

9. PASSIVE CONTINUOUS – PASSIVA COM CONTÍNUAS

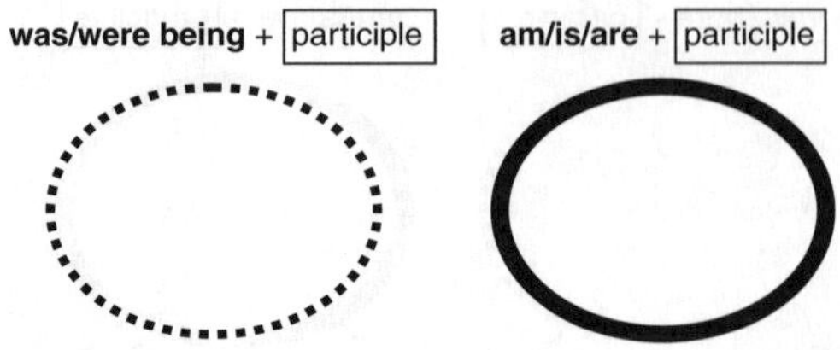

WE CAN SUPPOSE THAT his company was being benefited from his experience in the renewable energy sector.	**WE CAN SUPPOSE THAT he is being paid properly for what he is doing.**

O RELATO DE UM EXPATRIADO

No último dezembro eu vim para o Brasil a serviço de minha empregadora, a ABC. A ABC é uma empresa que enfoca a comercialização de produtos envolvendo fontes de energia renovável e eficiência energética. Nos Estados Unidos eu tinha trabalhado para eles como diretor de novos negócios. Meu departamento investigava novas tecnologias de energia esperando encontrar novos produtos que pudessem ser levados ao mercado de forma lucrativa. Aqui no Brasil eu estou dirigindo um departamento semelhante em nosso empreendimento em conjunto com uma empresa brasileira chamada DEF. Essa empresa fabrica e vende maquinário e produtos que envolvem biocombustíveis.

Eu tinha estado me preparando e à minha família para a vida em um país estrangeiro antes de vir para cá. Eu comecei lendo sobre as experiências de outros expatriados de modo a que eu pudesse ter uma idéia sobre como eu precisava me preparar. Eu também estudei a língua, li sobre a cultura e conversei com alguns contatos que eu tinha que tinham despendido um tempo significativo no Brasil. No entanto eu não acho que você pode jamais se preparar completamente para viver fora do seu país. Agora que eu estou aqui existem tantas diferenças que nunca poderia ter imaginado; do gosto do leite ao traçado da cidade. Eu estou sendo muito bom em tentar integrar a mim e à minha família completamente na cultura. Me habituei ao meu novo lar. Todas as pequenas diferenças que me confundiam tanto na minha chegada se tornaram normais. Mas agora meu tempo aqui está chegando ao fim. Quando eu for embora, vou ter vivido aqui por mais de dois anos. Como retornarei aos Estados Unidos em breve estou começando a me preocupar com minha capacidade de me readaptar. Me pergunto como vou poder enfrentar a neve novamente e penso que vou sentir falta da vibração das pessoas aqui no Brasil.

	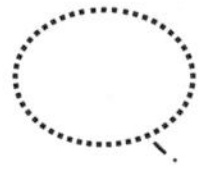				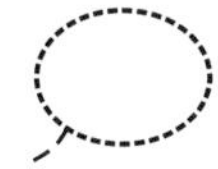
Nos EUA eu tinha trabalhado para a ABC como diretor de novos negócios. Alguns dos meus contatos tinham despendido um tempo significativo no Brasil.	No último dezembro eu vim para o Brasil. (Quando eu estava nos EUA,) , meu departament o investigava tecnologias de novas energias. Comecei (a me preparar para a vida em um país estrangeiro) lendo sobre as experiências de outros expatriados. Precisava de tempo para me preparar. Eu também estudei a lingua, li sobre a cultura, e conversei com alguns contatos que eu tinha.	Eu me habituei ao meu novo lar. Todas as pequenas diferenças que me confundia m tanto na minha chegada se tornaram normais.	A ABC é uma empresa. A ABC foca em produtos relacionados a energias renováveis. A empresa brasileira fabrica e vende maquinário e produtos envolvendo biocombustíveis. Não acho que você pode jamais se preparar completamente para viver fora do seu país. Eu estou aqui. Existem tantas diferenças.	Quando eu for embora, vou ter vivido aqui por mais de dois anos.	(...) como vou poder enfrentar a neve novamente. Vou sentir falta da vibração das pessoas aqui no Brasil.

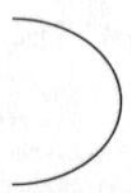	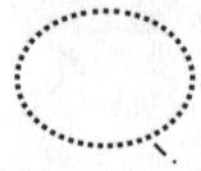			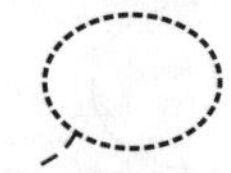
Eu tinha estado me preparando e à minha família para a vida em um país estrangeiro antes de vir para cá.	PODEMOS SUPOR QUE ele leu tanto quanto possível sobre o Brasil quando estava se preparando para a viagem.	Aqui no Brasil eu estou dirigindo um departamento semelhante (ao que eu administrava nos EUA) .	Eu estou sendo muito bom em tentar integrar a mim e à minha família completamente na cultura. Agora meu tempo aqui está chegando ao fim. Estou começando a me preocupar com minha capacidade de me readaptar.	Eu vou estar retornando aos Estados Unidos em breve.

			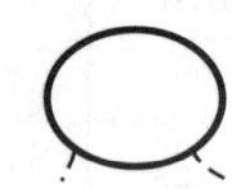	
PODEMOS SUPOR QUE sua família tinha sido instruída para evitar falar com estranhos nas ruas.	PODEMOS SUPOR QUE seus documentos foram providenciados pelo departamento de pessoal da ABC e da DEF.	PODEMOS SUPOR QUE nada de errado foi encontrado nos documentos dele.	A empresa brasileira é chamada DEF.	PODEMOS SUPOR QUE ele e a família dele vão ser enviados para fora do país para outro serviço em breve (por causa de sua experiência como expatriados).

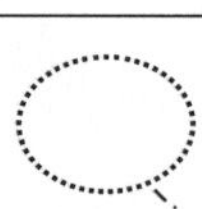	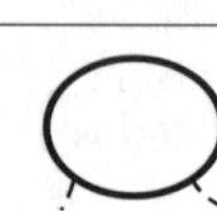
PODEMOS SUPOR QUE sua empresa estava sendo beneficiada com a experiência dele no setor de energias renováveis.	PODEMOS SUPOR QUE ele está sendo pago adequadamente pelo que está fazendo.

O objetivo desse tópico é proporcionar a você uma visão geral e descomplicada dos tempos em inglês. Você deve procurar exercitar-se em cada tempo, preferencialmente aplicando-o a ações relevantes para você, criando frases que realmente descrevem a sua rotina (presente), seu passado (passado do passado, passado e passado ligado ao presente) e seu futuro. Você pode se inspirar no relato fornecido como exemplo, se desejar. O importante é haver uma relação entre o que você cria e a sua realidade.

Além do que está proposto aqui, que realmente cobre o essencial, você deve procurar exercitar-se nos tempos verbais explorando as modificações que as estruturas sofrem nas perguntas, negações e ênfases.

IMPORTANTE:

As estruturas dos tempos também servem outros propósitos além de situar as ações na linha do tempo. Veja a seguir:

10. ESTRUTURAS QUE EXPRESSAM CONDIÇÕES

Relações perenes entre as coisas (de fato ou na opinião de quem constrói a frase)

IF/WHEN + PRESENT, PRESENT

If you buy an expensive car, you spend a lot on fuel and maintenance.
When you buy an expensive car, you spend a lot on fuel and maintenance.
Se/Quando você compra um carro caro, você gasta muito com combustível e manutenção.

Futuro

IF + PRESENT, FUTURE[11]

If I insist on a promotion, I will be asked to leave. I must be careful with this.
Se eu insistir numa promoção, vou ser convidado a ir embora. Preciso ter cuidado com isso.

Presente

IF + PAST, WOULD + base form

If I insisted on a promotion, I would be asked to leave. But, of course, I'm not doing this.
Se eu insistisse numa promoção, eu seria convidado a ir embora. Mas, claro, não estou fazendo isso.

[11] Não existe **If + will...**, sendo **will** o auxiliar do futuro.

Passado

IF + PAST OF PAST, WOULD HAVE + past participle

If I had insisted on a promotion, I would have been asked to leave. But I soon gave up the idea altogether.
Se eu tivesse insistido numa promoção, teria sido convidado a ir embora. Mas eu logo desisti completamente da idéia.

EXERCÍCIO

Traduza usando as palavras fornecidas e construindo as estruturas verbais conforme o caso. Siga o exemplo:

1. Se eu for agora, vou chegar a tempo. **(if/now/I/on time – go/arrive)**
   If I go now, I'll arrive on time.
2. Se ela tivesse me ouvido, não teria assinado o contrato como estava. **(If/she/me/not/the contract/as it was – listen to/sign)**
3. Quando a gente confia em quem não conhece, é seguidamente surpreendido, tanto positiva quanto negativamente. **(when/we/people we don't know, we/often/both positively and negatively – trust/be surprised)**
4. Se nós parássemos agora, ainda teríamos chance de encontrar um bom hotel. **(if/we/now, we/still/the chance/to find a good hotel – stop/have)**
5. Quando você se irrita, fala coisas que não deveria. **(when/you, you/things you shouldn't – be irritated/say)**
6. Se você for, ele não vai. **(if/you, he/not – go/go)**

RESPOSTAS

1. **If I go now, I'll arrive on time.**
2. **If she had listened to me, she wouldn't have signed the contract as it was.**
3. **When we trust people we don't know, we are often surprised both positively and negatively.**
4. **If we stopped now, we would still have the chance to find a good hotel.**
5. **When you are irritated, you say things you shouldn't.**
6. **If you go, he won't go.**

Vocabulário

O vocabulário, seu "estoque de palavras",[1] é melhor construído se tiver relação estrita com os usos que você fará dele. Ou seja, por mais interessante que seja saber que **platypus** é "ornitorrinco", a menos que você seja um biólogo interessado nesses animais ou com alguma passagem profissional ou de vida importante envolvendo ornitorrincos e inglês, é provável que você esqueça. Por outro lado, quanto mais soubermos, melhor (e isso inclui até "ornitorrinco", não é mesmo?). O que fazer então, diante da enormidade da tarefa de aprender os nomes das coisas em outra língua?

1. Estabelecer metas de aprendizagem: uma nova palavra por dia, por semana, por quinzena, por mês (!)... o importante é manter a regularidade. Com o tempo, qualquer pouco é muito.
2. Ler, ler, ler. Veja que não estou repetindo três vezes a expressão "procurar no dicionário", porque se fizer isso vai acabar desistindo da leitura – leia um pouco cada vez quando ainda souber pouco, e procure a tradução apenas daquilo que é realmente essencial. Como a leitura é um hábito, com o tempo você vai descobrir que sabe mais palavras do que imaginava. Com o tempo.
3. Identificar as palavras de que você precisa, aprendê-las com anotações e memorização, e usá-las. Com o tempo você vai incluí-las no seu vocabulário.

Nas três sugestões fornecidas para o que fazer para aumentar seu estoque de palavras apareceu a noção de tempo e da passagem do tempo para que a aprendizagem fique. Portanto, o tempo combinado com o uso relevante e variado é a resposta para a pergunta do primeiro parágrafo.

Com esse procedimento em mente, ao conhecer palavras novas é importante entrar em contato com elas e usá-las. Para memorizar novas palavras:

1. Identificar seu significado não pelo que parecem significar, e sim pelo que o contexto aponta;
2. Aplicar seu conhecimento em alguma frase ou expressão; e
3. Trocar essas palavras com alguém.

Algumas palavras semelhantes que não significam o que parecem e podem ser de uso corrente na comunicação internacional são esclarecidas a seguir.

[1] Vocabulário vem de *vocabularium*, que tem o mesmo final de palavra que "herbário", "estoque/conjunto de plantas/hervas", "serpentário", "de serpentes" etc. Aproveitando: em inglês, **herbarium**, **serpentarium**,... –ário (port.) (aproximadamente) = –**arium** (ing).

I. COGNATOS OU PALAVRAS SEMELHANTES COM SENTIDO DIFERENTE:

*

Actual = real, verdadeiro
What is your actual job here? You seem to do a little of everything.
Qual é o seu verdadeiro trabalho aqui? Você parece fazer um pouco de tudo.

Atual = **current**
Who is the current employee who has been with us the longest?
Qual é o atual funcionário que está conosco por mais tempo?

*

Assist = ajudar
Can you assist me during my presentation tomorrow?
Você pode me ajudar durante a minha apresentação amanhã?

Assistir = **attend to** (auxiliar); **see/watch** (olhar)
I need you to attend to our clients while they are in town.
Eu preciso que você assista nossos clientes enquanto eles estão na cidade.
Have you seen/watched our latest institutional video?
Você assistiu ao nosso vídeo institucional mais recente?

*

Attend = assistir (estar presente a)
Will you attend the meeting tomorrow morning?
Você vai assistir à reunião amanhã de manhã?
Atender = **to give attention to**
I need to give attention to a client who's just walked in.
Eu preciso dar atenção a um cliente que acabou de entrar.

*

Complexion = tez
My pale complexion is horrible for the beach.
Minha tez pálida é horrível para a praia.

Complexidade = **complexity**
I can't believe the complexity of this new machinery.
Eu não posso acreditar na complexidade desse novo maquinário.

*

Compromise = acordo em que se abre mão de algo
Remember the parts of the deal on which there can't be any compromise.
Lembre as partes do acordo nas quais não se pode abrir mão de nada.

Compromisso = **commitment**
How strong is your commitment to this company?
O quanto o seu compromisso com essa empresa é forte?

*

Confident = seguro
I am very confident I made the right decision.
Eu estou muito seguro de que tomei a decisão certa.

Confidente = **confidant**
Phil has been my close confidant for many years.
Phil tem sido meu confidente por muitos anos.

*

Contempt = desprezo
I feel contempt for people who want to do harm to others.
Eu sinto desprezo por pessoas que querem prejudicar os outros.

Contente = **content**
I feel very content with our report.
Eu me sinto muito contente com o nosso relatório.

*

Contest (noun) = concurso
Marcelo won the sales contest last month.
Marcelo venceu o concurso de vendas mês passado.

Contestar = **contest**[2] **(verb), question, counterargument**
Do you want to contest/question the Board's decision?
Você quer contestar a decisão da diretoria?

[2] **Contest x contest** – concurso x contestar. **He is going to contest the contest results.** Ele vai contestar os resultados do concurso. (A sublinha indica a sílaba tônica.)

*

Dependable = confiável
He is a very dependable employee.
Ele é um funcionário muito confiável.

Dependente = **dependent** (adj.)
I hate it when my team members become dependent upon me.
Eu não gosto quando os membros da minha equipe se tornam dependentes de mim.

*

Elaborate = minucioso (adj); com **on**, aprofundar (verb)
The elaborate software classification feature took over 3 months of our programming time.
A minuciosa funcionalidade de classificação do software tomou mais de 3 meses do nosso tempo de programação.
Could you elaborate on your plan to take over our competitor's clientele?
Você poderia aprofundar seu plano de tomar os clientes de nosso concorrente?

Elaborar = **create**
He created a very elaborate summary of the latest events.
Ele criou um resumo muito minucioso dos eventos mais recentes.

*

Exit = sair, saída
I want to exit the market before we start loosing money.
Eu quero sair do mercado antes que nós comecemos a perder dinheiro.
I can't see the exit sign in this movie theater.
Não consigo ver o sinal de saída neste cinema.

Êxito = **success**
We have had much success marketing our product towards preteen girls.
Nós tivemos muito sucesso vendendo nosso produto para meninas pré-adolescentes.

*

Extenuate = amenizar
Do not extenuate the difficult situation we are in.
Não amenize a situação difícil em que estamos.

Extenuar = **exhaust**
That three-hour-long meeting has exhausted me.
Aquela reunião de três horas de duração me deixou extenuado.

*

Facility – instalações (na maioria dos casos)
Have you seen our new facility in Minas Gerais?
Você já viu nossas novas instalações em Minas Gerais?

Facilidade = **ease**
I won't be at ease until after the test market.
Eu não vou estar em paz até depois do teste de mercado.

*

Liberate = liberar (deixar livre para fazer alguma coisa)
We need to liberate our sales representatives so they can act more independently.
Nós precisamos liberar nossos representantes de venda para que eles possam agir mais independentemente.

Liberar (documentos) = **clear**
Have the documents cleared customs yet?
Os documentos já foram liberados pela alfândega?

*

Politics = política (poderes)
National politics is never a good choice for polite conversation.
A política nacional nunca é uma boa escolha para uma conversa polida.

Política (de empresa) = **policy**
What is the company's policy on sick leave?
Qual é a política da empresa para afastamento por motivo de saúde?

*

Pretend = fingir
Please don't pretend to know what you are talking about.
Por favor, não finja saber sobre o que você está falando.

Pretender = **intend**
What do you intend to do about this problem we have?
O que você pretende fazer sobre esse problema que nós temos?

*

Procure = comprar
Have you been able to procure the materials we need for the prototype?
Você conseguiu comprar os materiais de que nós precisamos para o protótipo?

Procurar = **look for**
I want you to look for a way to bring the cost of this product down.
Eu quero que você procure uma maneira/um caminho para baixar o custo desse produto.

*

Record = registrar, registro[3]
Did you record the brainstorming session yesterday?
Você registrou a sessão de brainstorming de ontem?
Check the accounting records for this data.
Confira os registros da contabilidade para obter esses dados.

Recordar = **remember**
Do you remember what was said in the brainstorming session yesterday?
Você recorda o que foi dito na sessão de brainstorming ontem?

*

Relapse = recair
I don't want this division to relapse into its past inefficiencies.
Eu não quero que essa divisão recaia nas ineficiências do passado.

Relapso = **negligent**
He was fired for being negligent in his duties.
Ele foi demitido por ser relapso com as suas obrigações.

*

Sensible = sensato
That was a very sensible decision.
Aquela foi uma decisão muito sensata.

Sensível = **sensitive**
Jane is very sensitive to cigarette smoke.
Jane é muito sensível à fumaça de cigarro.

[3] Record; Record – gravar / registrar; gravação / registro

*

Utility (utilities) = serviços públicos (na maioria dos casos)
Did you remember to pay the utility bills?
Você lembrou de pagar as contas? (de luz e água, por exemplo)

Utilidade = **usefulness**
I have never had another program with so much usefulness as this one.
Eu nunca tive um outro programa com tanta utilidade como este.

II. CONTRASTES IMPORTANTES

*

LAST = ÚLTIMO/A(S) (FINAL) × **LATEST** = ÚLTIMO/A(S) (MAIS RECENTE)
This is the last time I am going to warn you about coming in late.
Esta é a última vez que eu vou alertá-lo sobre chegar atrasado.
When was the last time that you took a vacation?
Quando foi a última vez que tirou férias?

Where are the latest updates of the sales figures?
Onde estão as últimas atualizações dos números de vendas?
I need you to keep me up on the latest developments in our new research program.
Eu preciso que você me mantenha atualizado sobre os últimos desenvolvimentos no nosso programa de pesquisa.

*

AUTHORITARIAN = AUTORITÁRIO × **AUTHORITATIVE** = "DE ORIGEM CERTA/CONFIÁVEL" (COM AUTORIDADE)

My boss has become mean and authoritarian.
Meu chefe se tornou mesquinho e autoritário.
Authoritarian behavior will not be tolerated.
Comportamento autoritário não será tolerado.

An authoritative opinion is required for the final verdict.
Uma opinião confiável é necessária para o veredito final.
You should only resort to authoritative sources for your data search.
Você só deveria recorrer a fontes confiáveis para sua busca de dados.

*

UPDATE = ATUALIZAR (PASSAR POR UMA ATUALIZAÇÃO) × **UP-TO-DATE** = ATUALIZADO, ATUAL (É OU ESTÁ ATUALIZADO)

Have you been updated about the new sick leave policies?
Você tem sido atualizado sobre as novas políticas de afastamento por motivo de saúde?
I think it is time to update my wardrobe.
Eu acho que é hora de atualizar meu guarda-roupas.

Is your virus software up-to-date?
O seu antivírus está atualizado?
I like to keep up-to-date on the latest technological developments.
Eu gosto de me manter atualizado sobre os desenvolvimentos tecnológicos mais recentes.

*

HEAR = OUVIR (O SENTIDO DA AUDIÇÃO) × **LISTEN** = ESCUTAR (O ATO DE PRESTAR ATENÇÃO AOS SONS ARTICULADOS)

Have you heard the news about the new CEO?
Você ouviu as notícias sobre o novo CEO?
Can you hear that buzzing sound that my computer is making?
Você consegue ouvir este zumbido que meu computador está fazendo?

Were you listening to what the boss said during the meeting this morning?
Você estava escutando o que o chefe disse durante a reunião essa manhã?
You need to listen to your customers more.
Você precisa escutar os seus clientes mais.

*

SERVE = SERVIR × **ATTEND TO** = ATENDER

The employees are here to serve the needs of the company.
Os funcionários estão aqui para servir as necessidades da empresa.
Did you know that they are serving bagels at the Internet café?
Você sabia que eles estão servindo *bagels* no sáiber[4] café?

[4] Por que não?

Excuse me; I need to attend to an urgent matter.
Com licença, eu preciso atender um assunto urgente.
You should spend more time attending to your managerial duties.
Você deveria gastar mais tempo atendendo suas tarefas gerenciais.

*

SPEAK = FALAR × **TALK** = CONVERSAR

I need to speak with you about some complaints we've had.
Eu preciso falar com você sobre algumas reclamações que nós tivemos.
The new sales manager has to be able to speak English.
O novo gerente de vendas tem que ser capaz de falar inglês.

Have you talked to João about heading up the new unit in China?
Você conversou com João sobre ficar à frente da nova unidade na China?
Who is she talking to on the phone?
Com quem ela está conversando no telefone?

*

CARE ABOUT = IMPORTAR-SE/PREOCUPAR-SE COM, GOSTAR DE × **WORRY ABOUT** = PREOCUPAR-SE COM (E PRECISAR AGIR) × **TAKE CARE OF** = CUIDAR DE × **BE CAREFUL WITH** = TER CUIDADO COM

Don't you care about what happens to this company?
Você não se importa com o que acontece nesta empresa?
I don't care much about the new director.
Eu não me importo muito com o novo diretor.

Sometimes I worry about the security of my job.
Algumas vezes eu me preocupo com a segurança do meu emprego.
Don't worry about Roberto; I've already spoken with him.
Não se preocupe com Roberto; eu já falei com ele.

Can you take care of this paperwork for me?
Você pode cuidar dessa documentação para mim?
My son can take care of your dog while you're on vacation.
Meu filho pode cuidar do seu cachorro enquanto você está de férias.

I need you to be careful with this assignment. It's very important.
Eu preciso que você seja cuidadoso com essa tarefa. Ela é muito importante.
Be careful with that coffee, it's hot.
Tenha cuidado com o café, está quente.

*

DO = FAZER (ATIVIDADES EM GERAL, MAIS DESEMPENHO MENTAL) × **MAKE** = FAZER (CRIAÇÃO, ATIVIDADES QUE ENVOLVEM DESEMPENHO FÍSICO)
I am doing yoga.
Eu estou fazendo yoga.
I am doing my work.
Eu estou fazendo meu trabalho.

I am making a cake.
Eu estou fazendo um bolo.
Why are you making such a mess?
Por que você está fazendo tanta bagunça?

*

KNOW = SABER × **GET TO KNOW** = CONHECER
Do you know how I got to know him?
Você sabe como eu conheci ele?
I'll help you; I know how to deal with the boss when he is angry.
Eu vou ajudar você. Eu sei como lidar com o chefe quando ele está bravo.

I'd like to take some time and get to know the new system.
Eu gostaria de reservar um tempo para conhecer o sistema novo.
Before you deal with customers directly I want you to really get to know the company and our products.
Antes de você lidar com clientes diretamente eu quero que você realmente conheça a empresa e os nossos produtos.

*

TO CHANGE = MUDAR/ALTERAR × **TO EXCHANGE** = TROCAR / DAR E RECEBER EM TROCA
We need to change the way that we do our recruiting.
Nós precisamos mudar a maneira como nós fazemos o nosso recrutamento.

Have you changed the logo on the website yet?
Você já mudou o logotipo no website?

That printer is broken already! Take it back to the store and exchange it for a new one.
Aquela impressora já está quebrada! Leve de volta para a loja e troque por uma nova.
Take me to the bank so I can exchange some money before the trip.
Leve-me ao banco para que eu possa trocar algum dinheiro antes da viagem.

III. EXPRESSÕES ÚTEIS

Ações

*

TO HAVE/MAKE/TAKE A GUESS = ADIVINHAR
Take a guess at what we are going to start doing tomorrow.
Adivinha o que nós vamos começar a fazer amanhã?

*

TO ACCEPT CRITICISM = ACEITAR CRÍTICA
I can accept your criticism but I still think that using Chinese lanterns at the event is a good idea.
Eu aceito sua crítica, mas eu ainda acho que usar lanternas chinesas no evento é uma boa idéia.

*

TO OVERCOME = SUPERAR
To be successful we need to overcome our difficulties.
Para sermos bem-sucedidos nós precisamos superar nossas dificuldades.

*

TO PLAY A ROLE = TER/DESEMPENHAR UM PAPEL
The project was your idea so I want you to play a role in its implementation.
O projeto foi sua idéia, então eu quero que você tenha um papel na sua implementação.

*

TO PERFORM A TASK = FAZER/REALIZAR UMA TAREFA
Come here, I need you to perform a task for me.
Venha aqui, eu preciso que você realize uma tarefa para mim.

*

TO REFER = DIRECIONAR (INCLUSIVE COMO RECOMENDAÇÃO)
Our receptionist will refer you to the right person.
Nossa recepcionista vai direcionar você para a pessoa certa.

*

TO CONFIGURE = CONFIGURAR
The new factory is configured to offer us flexible capacity.
A nova fábrica está configurada para nos oferecer flexibilidade.

*

TO PREPARE = PREPARAR(-SE)
I am going to have to stay late tonight to prepare for the presentation tomorrow.
Eu terei que ficar até mais tarde hoje de noite para me preparar para a apresentação amanhã.

*

TO CONFIRM = CONFIRMAR
Have you confirmed what time their flight arrives?
Você confirmou a que horas o vôo deles chega?

*

TO ASSIGN = ATRIBUIR/DESIGNAR
I am going to assign you to the new research division.
Eu vou designar a você a nova divisão de pesquisa.

Diversos

*

FOR A LONG TIME
Por muito tempo/há muito tempo
I have been in this position for a long time. It's about time I received a promotion.
Eu estou nesse cargo há muito tempo. Já é hora de eu receber uma promoção.

*

SPEAKERPHONE
Viva-voz
I am going to put you on speakerphone so everyone can hear you.
Eu vou colocar você no viva-voz para que todos possam ouvir você.

*

APPOINTMENT BOOK
Agenda
Just call my secretary. She has my appointment book and can tell you when I'm free.
Ligue para minha secretária. Ela tem minha agenda e pode lhe dizer quando eu estarei livre.

*

COMPLAINT
Reclamação
Are there any complaints about the new pay raise structure?
Existe alguma reclamação sobre a nova estrutura de aumento de salário?

*

THAT'S IT
É isso (aqui/aí)!
That's it! I've been looking all over for this file.
É isso aqui! Eu tenho procurado por esse arquivo por tudo.

*

THE SAME AS
O mesmo que
This new program is the same as the old one, just without the bugs.
Este novo programa é o mesmo que o antigo, só sem os erros de funcionamento.

*

TWICE AS MUCH, THREE TIMES AS MUCH, FOUR TIMES AS MUCH...
O dobro, o triplo, quatro vezes mais…
Our raw materials are costing us twice as much as they did last year.
Nossa matéria-prima está nos custando o dobro do que custava no ano passado.

IV. TERMOS ESSENCIAIS PARA A COMUNICAÇÃO CORPORATIVA

HIGH MANAGEMENT	
run a business gerir uma empresa	**There are a lot of factors that have to be considered before deciding to RUN A BUSINESS.**
	Existem muitos fatores que devem ser considerados antes de se decidir gerir uma empresa.
top management alta gerência	**TOP MANAGEMENT has to always have an overall picture of where the company is heading.**
	A alta gerência sempre tem de ter uma visão geral de para onde a empresa está indo.
take over assumir o controle	**We are in great a position; there is no reason to fear our rivals will TAKE OVER.**
	Nós estamos em ótima posição; não existe razão para temer que nossos rivais vão assumir o controle.
scenario cenário	**This is the best possible SCENARIO that we are left with.**
	Este é o melhor cenário possível que nos resta.
chief executive officer (CEO) diretor superintendente / presidente	**There is a lot of stress, but there are many rewards involved in being the CHIEF EXECUTIVE OFFICER.**
	Existe muito estresse, mas existem muitas recompensas em ser o presidente.
board of directors diretoria	**The BOARD OF DIRECTORS is elected by shareholders.**
	A diretoria é eleita pelos acionistas.
guideline diretriz	**Make sure to follow the GUIDELINES when completing your project.**
	Certifique-se de seguir as diretrizes quando completar seu projeto.

joint venture empreendimento conjunto	**It will be a JOINT VENTURE between us and an American firm.**
	Será um empreendimento conjunto entre nós e uma firma americana.
enterprise empreendimento	**We are looking for financing to start a new ENTERPRISE.**
	Nós estamos procurando por financiamento para começar um novo empreendimento.
parent company empresa mãe	**Our PARENT COMPANY has decided to sell off our branch.**
	Nossa empresa mãe decidiu vender nossa filial.
scope escopo	**Do you understand the full SCOPE of our current projects?**
	Você entende o escopo completo dos nossos atuais projetos?
head office escritório central	**I'm being transferred to the HEAD OFFICE.**
	Eu estou sendo transferido para o escritório central.
merger fusão	**The MERGER will be very beneficial for both of our companies.**
	A fusão será muito benéfica para ambas as nossas empresas.
stakeholder investidor	**He is the major STAKEHOLDER in our corporation.**
	Ele é o maior investidor da nossa corporação.
long term de longo prazo	**We try to focus on LONG TERM sustainable growth at our facilities overseas.**
	Nós tentamos focar no crescimento sustentável a longo prazo em nossas instalações no exterior.
short term de curto prazo	**We need to set SHORT TERM goals.**
	Nós precisamos definir objetivos de curto prazo.

milestone marco	**Being in business for 50 years is a great MILESTONE for our company.** Estar nos negócios há 50 anos é um grande marco para nossa empresa.
headquarters matriz	**Some employees have expressed concern that HEADQUARTERS is sometimes slow in reacting to issues at a few of the branches.** Alguns funcionários têm expressado preocupação que a matriz é às vezes lenta em reagir a questões de algumas filiais.
agenda ordem do dia/itens a cumprir	**I took a look at the AGENDA for the next couple of weeks, and saw that we are going to be very busy.** Eu dei uma olhada na ordem do dia para as próximas semanas, e vi que nós vamos estar muito ocupados.
organizational chart organograma	**Our company's ORGANIZATIONAL CHART is a helpful way to analyze our workforce.** O organograma da nossa empresa é uma maneira útil de analisar nossa mão-de-obra.
strategic planning planejamento estratégico	**The STRATEGIC PLANNING we have done in the past has proved invaluable time and time again for us.** O planejamento estratégico que nós fizemos no passado se provou de grande valor para nós diversas vezes.
chairman presidente (do conselho)	**The CHAIRMAN has decided to increase our operations in Asia.** O presidente decidiu aumentar nossas operações na Ásia.
proposal proposta	**Take a look at the PROPOSAL we were offered to sell our copyrights.** Dê uma olhada na proposta que nos foi oferecida para a venda de nossos direitos autorais.

line of business ramo de atividade	**In our LINE OF BUSINESS, we must consistently deliver innovative products to stay ahead of the competition.**
	No nosso ramo de atividade, nós devemos entregar produtos inovadores regularmente para ficarmos à frente da concorrência.
board meeting reunião de diretoria	**It's important that all department heads attend every BOARD MEETING so they are up-to-date with what is happening in the company.**
	É importante que todos os chefes de departamentos assistam a todas as reuniões de diretoria para que eles fiquem atualizados sobre o que está acontecendo na empresa.
staff meeting reunião de pessoal	**I'm going to hold a STAFF MEETING to get updates on current projects.**
	Eu vou fazer uma reunião de pessoal para ter atualizações sobre os projetos atuais.
based (somewhere) baseado/a(s)	**I have accepted an offer to be BASED in Tampa, Florida, for a year.**
	Eu aceitei uma oferta para ficar baseado em Tampa, Flórida, por um ano.
partnership sociedade/parceria	**We have created a PARTNERSHIP with them.**
	Nós criamos uma parceria com eles.
outsourcing terceirização	**The U.S. manufacturing industry has seen a lot of OUTSOURCING over the past few years.**
	A indústria de manufaturados americana tem visto muita terceirização nos últimos anos.
FINANCIAL DEPARTMENT	
rebate abatimento	**We should offer them a REBATE if they deliver the products ahead of the deadline.**
	Nós deveríamos oferecer a eles um abatimento se eles entregarem os produtos antes do prazo.

shareholder or stockholder acionista	**It is the goal of the company to provide the best returns on the investment of our SHAREHOLDERS.** É o objetivo da nossa empresa fornecer os melhores retornos sobre os investimentos dos nossos acionistas.
stakeholder pessoas com interesse na empresa	**Our stakeholders will be worried about the resignation of the CEO** As pessoas interessadas na nossa empresa vão ficar preocupados com a renúncia do presidente.
cost analysis análise de custos	**We will complete a COST ANALYSIS to determine if it would benefit the company.** Nós vamos completar a análise de custos para determinar se seria benéfico para a empresa.
banking atividade bancária	**BANKING has become more complex as globalization has increased.** A atividade bancária se torna mais complexa à medida que a globalização aumenta.
assets and liabilities ativos e passivos	**The ratio of companies' ASSETS to LIABILITIES can be a good indicator of future success or failure.** A relação entre os ativos e passivos da empresa pode ser um bom indicador de sucesso ou fracasso futuro.
overdue vencido/a(s)	**We pay unnecessary OVERDUE fees when our bills are late.** Nós pagamos taxas desnecessárias (de contas) vencidas quando nossas contas estão atrasadas.
balance sheet balanço	**It is very important to disclose our financial information on our BALANCE SHEET correctly.** É muito importante apresentar nossas informações financeiras corretamente no nosso balanço.

stock exchange bolsa de valores	**Their superior products and strong reputation have made them a popular investment option on the STOCK EXCHANGE for investors.**
	A superioridade dos produtos e a forte reputação deles têm feito deles uma opção de investimento popular para os investidores na bolsa de valores.
teller caixa de banco	**TELLERS generally have the most face to face contact with customers of the bank.**
	Os caixas geralmente têm o maior contato pessoal com os clientes do banco.
rough estimate cálculo aproximado	**If I was to give a ROUGH ESTIMATE, I would say that we will be able to deliver what you need in two weeks.**
	Se eu tivesse que fazer um cálculo aproximado, eu diria que nós seríamos capazes de entregar o que você precisa em duas semanas.
risk capital or venture capital capital de risco	**Our products will revolutionize the industry so it shouldn't be hard to find VENTURE CAPITAL to help us launch them.**
	Nossos produtos vão revolucionar a indústria de forma que não deve ser muito difícil encontrar capital de risco para nos ajudar a lançá-los.
working capital capital de giro	**We have to know how much WORKING CAPITAL we will need for this project before contracting the consultants.**
	Nós precisamos saber qual será o capital de giro que vamos precisar para este projeto antes de contratarmos os consultores.
billing (de) cobrança	**Go over the BILLING statements to see if there is a mistake because it seems a little high.**
	Revise os extratos da cobrança para ver se existe um erro porque parece um pouco alto.

clear a check compensar um cheque	**Make sure to CLEAR their CHECK before sending the shipment.**
	Certifique-se de compensar o cheque antes de enviar a remessa.
accounts payable contas a pagar	**As soon as we pay back our creditors at the end of this quarter, we won't have as many liabilities in ACCOUNTS PAYABLE.**
	Assim que nós pagarmos nossos credores no final deste trimestre, nós não teremos tantos passivos em contas a pagar.
accounts receivable contas a receber	**We won't issue them any more credit until they pay off what is already in ACCOUNTS RECEIVABLE.**
	Nós não vamos dar mais nenhum crédito a eles até que eles paguem o que já está em contas a receber.
taxpayer contribuinte	**We have some influence in the government because we are one of the largest TAXPAYERS in the country.**
	Temos alguma influência no governo porque somos um dos maiores contribuintes no país.
stockbroker corretor de ações	**I thought of becoming a STOCKBROKER, but decided not to because I wouldn't like all the stress associated with that occupation.**
	Eu pensei em me tornar um corretor de ações, mas decidi que não porque eu não iria gostar de todo o estresse associado com essa profissão.
insurance broker corretor de seguros	**My cousin was offered a position as an INSURANCE BROKER for a company in the United States.**
	Meu primo recebeu uma oferta de uma posição como corretor de seguros em uma empresa nos Estados Unidos.

creditor credor	**We shouldn't have a problem getting a loan because we have done a lot of business with that CREDITOR.**
	Nós não deveríamos ter problemas para conseguir um empréstimo porque nós fizemos muitos negócios com aquele credor.
maturity date data de vencimento	**The MATURITY DATE of that loan will be at the end of this month.**
	A data de vencimento daquele empréstimo será no fim deste mês.
deduct deduzir	**We can DEDUCT the value of any gifts that we give out from our taxes.**
	Nós podemos deduzir (dos nossos impostos) o valor de quaisquer brindes que distribuímos.
financial statement demonstrações financeiras	**It's important to look at our competitors' FINANCIAL STATEMENTS to better gauge their financial positions.**
	É importante olhar as demonstrações financeiras dos nossos concorrentes para melhor avaliar as posições financeiras deles.
owe dever	**How much do they still need to pay for the money they OWE on that account?**
	Quanto eles ainda precisam pagar pelo dinheiro que eles devem naquela conta?
debt dívida	**The construction of the new facility will add to the long-term DEBT that we have.**
	A construção de nossa nova instalação vai aumentar a dívida de longo prazo que nós temos.
issue emitir	**ISSUE a request for them to ask if they can pay as soon as possible.**
	Emita uma solicitação para perguntar se eles podem pagar o mais rápido possível.

bank loan empréstimo bancário	**We are going to need more BANK LOANS than we had expected to finish the construction of our new facilities.** Nós vamos precisar de mais empréstimos bancários do que nós esperávamos para terminar a construção de nossas novas instalações.
bank charge encargo bancário	**Can you explain what this BANK CHARGE is for?** Você pode explicar qual a finalidade desse encargo bancário?
down payment entrada	**Today I will make the DOWN PAYMENT on the house I just bought.** Hoje eu farei a entrada (do pagamento) da casa que eu comprei recentemente.
bookkeeping contabilidade (livros)	**We haven't had as many mistakes since the BOOKKEEPING has been orga nized.** Nós não tivemos tantos erros desde que a contabilidade foi organizada.
to be in the red estar no vermelho	**It is hard to imagine a company as successful as ours WAS IN THE RED, losing money, two years ago.** É difícil de imaginar que uma empresa bem-sucedida como a nossa estava no vermelho, perdendo dinheiro, dois anos atrás.
financial year or fiscal year exercício fiscal	**The accounting records are updated at the end of each FISCAL YEAR.** Os registros da contabilidade são atualizados no final de cada exercício fiscal.
statement of account or account statement extrato de conta	**Did you take a look at the ACCOUNT STATEMENT?** Você deu uma olhada no extrato da conta?
invoice fatura	**The supplier sent the INVOICE yesterday.** O fornecedor enviou a fatura ontem.

turnover faturamento	**TURNOVER has consistently risen by 5% during the second and third quarter for the past decade.**
	O faturamento cresceu consistentemente em 5% durante o segundo e terceiro trimestre na última década.
gross earnings faturamento bruto	**Our competitors' GROSS EARNINGS grew by 30% after they implemented a new marketing campaign.**
	O faturamento bruto do nosso concorrente cresceu em 30% depois que eles implementaram uma nova campanha de marketing.
audit auditoria	**It is important to make sure our financial records are correct in case we ever receive an AUDIT.**
	É importante ter certeza de que os nossos registros financeiros estão corretos no caso de nós recebermos uma auditoria.
collect a debt fazer uma cobrança	**We use their services to help COLLECT DEBTS that are long past due.**
	Nós usamos os serviços deles para nos ajudarem a fazer cobranças que estão há muito tempo vencidas.
funding financiamento	**Today we will find out if the board approved the FUNDING we need for our project.**
	Hoje nós vamos descobrir se a diretoria aprovou o financiamento de que precisamos para nosso projeto.
cash flow fluxo de caixa	**We need to learn how to better manage our CASH FLOW.**
	Nós precisamos aprender como melhor gerir nosso fluxo de caixa.
collateral contrapartida	**We will use our factories as COLLATERAL to get a better rate on the loan.**
	Vamos usar nossas fábricas como contrapartida para conseguir uma taxa melhor no empréstimo.

expenses gastos	**We need to figure out a way to increase efficiency so we can reduce our EXPENSES.**	Precisamos pensar um jeito de aumentar a eficiência de forma que possamos reduzir nossos gastos.
income tax imposto de renda	**The government raised the INCOME TAX by 3%.**	O governo aumentou o imposto de renda em 3%.
settle a debt liquidar uma dívida	**I need to SETTLE A DEBT I have with the bank and pay back the money I owe on my credit card.**	Preciso liquidar uma dívida com o banco e pagar o dinheiro que devo no meu cartão de crédito.
profitability lucratividade	**The director assumed that the PROFITABILITY of our new computers will be much higher than the previous models.**	O diretor assumiu que a lucratividade (proporcionada por) nossos novos computadores será muito maior do que os com os modelos anteriores.
gross profit lucro bruto	**Even though our GROSS PROFIT increased this year we didn't benefit from it because our expenses increased by the same percentage.**	Apesar de nosso lucro bruto ter aumentado esse ano não nos beneficiamos disso porque nossos gastos aumentaram na mesma porcentagem.
net profit lucro líquido	**We have consistently increased our NET PROFIT every year for the past decade.**	Nós aumentamos nosso lucro líquido consistentemente a cada ano na última década.

profit margin margem de lucro	**Our PROFIT MARGIN continues to shrink as we have increasing taxes to pay. So, instead of making 20% above what it costs us to make each product sold, we will only make 15% this year.**
	Nossa margem de lucro continua a encolher enquanto temos impostos crescentes para pagar. Então, em vez de fazermos 20% acima do que nos custa para fazer cada produto vendido, vamos fazer apenas 15% este ano.
markup margem de lucro bruto	**Have you seen the MARKUP our competitors put on their products?**
	Você viu a margem de lucro bruto que nossos concorrentes colocam em seus produtos?
stock market mercado de ações	**It is important to know what you are doing when you invest your money in the STOCK MARKET.**
	É importante saber o que você está fazendo quando investe seu dinheiro no mercado de ações.
unpaid não pago	**Pay that bill as soon as possible; we can't continue to let it go UNPAID.**
	Pague esta conta assim que possível; não podemos permitir que ela permaneça não paga.
bid oferta (de compra)	**We will choose the firm that offers us the highest BID.**
	Vamos escolher a empresa que nos fizer a maior oferta.
budget orçamento	**There is plenty of money left in the BUDGET to allow us to invest some towards a larger marketing campaign.**
	Existe dinheiro de sobra no orçamento para nos permitir investir algum em uma campanha de marketing maior.

money up front or up front (pagamento) à vista	**We will now require that payments be made UP FRONT before offering our services.**
	Nós vamos agora exigir que os pagamentos sejam feitos à vista antes de apresentarmos nossos serviços.
pay in advance pagar adiantado	**We offer a discount to those that PAY IN ADVANCE.**
	Nós oferecemos um desconto para aqueles que pagam adiantado.
net assets or net equity patrimônio líquido	**The company's NET ASSETS increased dramatically when we were able to eliminate several liabilities.**
	O patrimônio líquido da empresa aumentou dramaticamente quando nós conseguimos eliminar diversos passivos.
break even point ponto de equilíbrio	**How many products do we need to sell to reach the BREAK EVEN POINT?**
	Quantos produtos nós precisamos vender para alcançar o ponto de equilíbrio?
revenue receita	**I might be able to get promoted if I can figure out a way to increase REVENUE for the company.**
	Talvez eu consiga ser promovido se eu puder pensar um jeito de aumentar a receita da empresa.
earnings rendimentos	**Do you know what our closest competitors' EARNINGS were last quarter?**
	Você sabe quais foram os rendimentos dos nossos concorrentes mais próximos no último trimestre?
interest rate taxa de juros	**We will have a reduced INTEREST RATE for the life of this loan.**
	Nós vamos ter uma taxa de juros reduzida para a duração desse empréstimo.

treasury tesouraria	**The TREASURY is located on the first floor and deals with all the company's money handling.**
	A tesouraria está localizada no primeiro andar e lida com todo o manuseio de dinheiro da empresa.
securities títulos	**I prefer to invest in SECURITIES that have lower risk, like government bonds.**
	Eu prefiro investir em títulos que têm risco mais baixo, como papéis do governo.
returns or yield retorno	**I think the current demand for our services in the market was the reason for the high RETURN on our investment.**
	Eu acho que a atual demanda pelos nossos serviços no mercado foi a razão pelo alto retorno sobre o nosso investimento.
HUMAN RESOURCES DEPARTMENT	
absenteeism absenteísmo	**ABSENTEEISM has decreased since we began implementing the employee satisfaction initiatives.**
	O absenteísmo diminuiu desde que começamos a implementar as iniciativas para a satisfação dos funcionários.
retirement aposentadoria	**I'm looking forward to living in Florianopolis for my RETIREMENT.**
	Estou ansioso por viver em Florianópolis na minha aposentadoria.
pay increase aumento de salário	**New employees will receive a PAY INCREASE after working here for six months.**
	Novos funcionários vão receber um aumento de salário depois de trabalhar aqui por seis meses.

raise aumento salarial	**I have decided to give Patricia a RAISE for all of the hard work she has done over the past few months.** Decidi dar um aumento à Patricia por todo o trabalho duro que ela tem feito ao longo dos últimos meses.
bonus bonificação	**How much did you receive in your BONUS check this year?** Quanto você recebeu em seu pagamento de bonificação esse ano?
applicant candidato	**The last APPLICANT's résumé was very impressive.** O currículo do último candidato se destacou bastante.
position cargo	**I will be transitioning to a different department to work in a new POSITION next month.** Vou estar em transição para um departamento diferente para trabalhar em um novo cargo mês que vem.
career carreira	**Human Resources is able to assist employees with advancing their CAREERS within the company.** Recursos Humanos pode ajudar os funcionários a progredir em suas carreiras dentro da empresa.
hire contratar	**I will need to HIRE someone to cover for Luciano while he is gone.** Vou precisar contratar alguém para cobrir o Luciano enquanto ele estiver fora.
resume currículo	**Before sending in your RESUME, make sure to double check it for spelling mistakes.** Antes de enviar seu currículo, certifique-se de que conferiu bem os erros de ortografia.

refresher course curso de atualização	**I need to take a REFRESHER COURSE, since it has been nearly ten years since I have worked in that field.** Preciso fazer um curso de atualização, uma vez que já faz quase 10 anos que eu trabalhei nessa área.
dismissal demissão	**He received a DISMISSAL letter from work, since he made so many mistakes.** Ele recebeu uma carta demissão pois cometeu tantos erros.
lay off demitir	**Our competitors had to LAY OFF some very experienced employees.** Nossos concorrentes tiveram de demitir alguns funcionários muito experientes.
personnel department departamento pessoal	**The PERSONNEL DEPARTMENT does an excellent job in handling any issues employees have.** O departamento pessoal faz um trabalho excelente tratando de quaisquer questões dos funcionários.
job description descrição de cargo	**You do so many different things here; what exactly is your JOB DESCRIPTION?** Voce faz tantas coisas diferentes aqui, qual é exatamente a sua descrição de cargo?
out of work desempregado	**My cousin has been OUT OF WORK for about three months now.** Meu primo está desempregado por quase três meses agora.
employee empregado	**Even though I am only an EMPLOYEE and not an owner, I still feel like it is my company.** Mesmo que eu seja apenas um empregado e não um dono, eu ainda sinto como se a empresa fosse minha.

employer empregador	**I was reading yesterday that our EMPLOYER offers some of the best benefits for people in our profession.** Eu estava lendo ontem que nosso empregador oferece alguns dos melhores benefícios para as pessoas na nossa profissão.
employ empregar	**We're going to EMPLOY about five more workers in the customer service department.** Nós vamos empregar cerca de mais cinco trabalhadores no departamento de atendimento ao cliente.
interview entrevista	**I'm confident that I will get a job offer because my INTERVIEW went great.** Eu estou seguro de que eu vou conseguir um emprego porque minha entrevista foi ótima.
requirements exigências	**Have you been filled in on all the REQUIREMENTS for this position?** Você foi informado sobre todas as exigências para essa posição?
working hours horas de trabalo, expediente	**The usual WORKING HOURS here are from 8 a.m. to 6 p.m.** As horas de trabalho habituais aqui são das 8 às 18.
hands-on experience experiência prática	**The last internship I had allowed me to gain a lot of HANDS-ON EXPERIENCE in my field of study.** O último estágio que eu tive me permitiu ganhar muita experiência prática na minha área de estudo.
absence falta	**Do you know the reason for Mario's ABSENCE from work the last two days?** Você sabe a razão para a falta de Mário ao trabalho nos dois últimos dias?

vacations = holidays férias	**I always enjoy going on VACATIONS with family members and close friends.** Eu sempre gosto de ir de férias com familiares e amigos.
payroll folha de pagamento	**What are the policies regarding PAYROLL in this company?** Quais são as políticas da folha de pagamento nesta empresa?
workforce força de trabalho	**It is nice to rejoin the WORKFORCE after being away because of my pregnancy.** É bom voltar a fazer parte da força de trabalho depois de estar afastada por causa de minha gravidez.
pension fund fundo de pensão	**The company has decided to offer a PENSION FUND for only another ten years.** A empresa decidiu oferecer um fundo de pensão por outros dez anos apenas.
earn (salary) ganhar (salário)	**I wonder how much she EARNS per year.** Eu me pergunto quanto ela ganha por ano.
strike greve	**I heard that members of the union might go on STRIKE.** Eu ouvi que os membros do sindicato podem entrar em greve.
skill habilidade	**What is the most important SKILL involved in negotiating?** Qual é a habilidade mais importante envolvida na negociação?
overtime hora extra	**The amount of OVERTIME available to employees has historically increased during summer months.** A quantidade de horas extras disponíveis para funcionários tem historicamente aumentado durante os meses de verão.

apply for a job candidatar-se a um emprego	**I will APPLY FOR A JOB in our corporate headquarters next month.**
	Eu vou me candidatar a um emprego na matriz da nossa empresa no próximo mês.
manpower mão-de-obra	**We are going to increase the MANPOWER to help process our orders faster.**
	Nós vamos aumentar a mão-de-obra para ajudar os nossos pedidos a saírem mais rápido.
master's degree in business administration (MBA) mestrado em administração de empresas	**The company said they will pay for me to get my MBA.**
	A empresa disse que eles vão pagar para mim para eu fazer meu mestrado executivo.
benefits package pacote de benefícios	**Our BENEFITS PACKAGE here is outstanding.**
	O nosso pacote de benefícios aqui está pendente.
advance payment pagamento adiantado	**Next time you talk with the buyers, ask them if they can make an ADVANCE PAYMENT for the products.**
	Na próxima vez que você conversar com os compradores, pergunte se eles podem fazer um pagamento adiantado pelos produtos.
staff pessoal (funcionários)	**The STAFF here works really well together.**
	O pessoal aqui trabalha muito bem junto.
health care plan plano de saúde	**Employees have been commenting to the HR department that they are very satisfied with the new HEALTH CARE PLAN.**
	Os empregados têm comentado com o departamento de RH que eles estão muito satisfeitos com o novo plano de saúde.

award prêmio	**She is going to receive an AWARD for her hard work and many years of dedication to the company.**
	Ela vai receber um prêmio pelo seu trabalho duro e por muitos anos de dedicação à empresa.
promote promover	**We are planning to PROMOTE several employees at the end of the year.**
	Nós estamos planejando promover muitos empregados no final do ano.
recruitment recrutamento	**RECRUITMENT is very important in helping to attract top talents to work at our company.**
	O recrutamento é muito importante para ajudar a atrair os melhores talentos para trabalhar em nossa empresa.
references referências	**Do you know anyone who can give us a reference for a good printing company?**
	Você conhece alguém que possa nos dar referência de uma boa gráfica?
remunerate remunerar	**We need to REMUNERATE all of them by the end of the second week of this month.**
	Nós precisamos remunerar todos eles até o final da segunda semana deste mês.
staff turnover rotatividade de funcionários	**STAFF TURNOVER has decreased since we have restructured the company.**
	A rotatividade de funcionários diminuiu desde que nós reestruturamos a empresa.
minimum wage salário mínimo	**The MINIMUM WAGE will continue to increase over the coming years.**
	O salário mínimo continuará a aumentar nos próximos anos.

<table>
<tr><td rowspan="2">trade union
sindicato</td><td>I heard that a new TRADE UNION will be established in our factories in the United States.</td></tr>
<tr><td>Eu ouvi que um novo sindicato vai se estabelecer em nossas fábricas nos Estados Unidos.</td></tr>
<tr><td rowspan="2">replacement
substituto</td><td>Since you will be gone for a year, I think you should help me in choosing your REPLACEMENT.</td></tr>
<tr><td>Já que você ficará fora por um ano, eu acho que você deveria me ajudar a escolher o seu substituto.</td></tr>
<tr><td rowspan="2">full-time
tempo integral</td><td>The interns that accepted our job offer will begin working FULL-TIME next month.</td></tr>
<tr><td>Os estagiários que aceitaram nossa oferta de trabalho vão começar a trabalhar tempo integral no próximo mês.</td></tr>
<tr><td rowspan="2">subcontract
terceirizar</td><td>We will SUBCONTRACT a company to help us move our equipment to the new facilities.</td></tr>
<tr><td>Nós vamos contratar uma empresa terceirizada para nos ajudar a mover os equipamentos para as nossas novas instalações.</td></tr>
<tr><td rowspan="2">worker
trabalhador</td><td>You are a really hard WORKER and I appreciate your help on this project.</td></tr>
<tr><td>Você realmente trabalha duro e eu aprecio sua ajuda neste projeto.</td></tr>
<tr><td rowspan="2">labor
trabalho ou mão-de-obra</td><td>We have had trouble finding the quality of LABOR that we were looking for.</td></tr>
<tr><td>Nós tivemos problemas para encontrar a mão-de-obra de qualidade que nós estávamos procurando.</td></tr>
<tr><td rowspan="2">on-the-job training
treinamento prático</td><td>There is very extensive ON-THE-JOB TRAINING here.</td></tr>
<tr><td>Tem um treinamento prático bem extenso aqui.</td></tr>
</table>

hourly rate valor por hora	**The HOURLY RATE for production workers will be increased if they can increase their output without increasing the number of mistakes.**
	O valor por hora para trabalhadores da produção vai ser aumentado se eles puderem aumentar seu desempenho sem aumentar o número de erros.
EXPORT/IMPORT	
trade agreement acordo comercial	**Our government has just signed a TRADE AGREEMENT with China.**
	Nosso governo acaba de assinar um acordo comercial com a China.
customs agent agente aduaneiro	**CUSTOMS BROKERS can make my job very hard when I am trying to arrange for overseas shipments.**
	Agentes aduaneiros podem dificultar muito meu trabalho quando estou tentando providenciar embarques para outros continentes.
trade balance balança comercial	**China's TRADE BALANCE is uneven; they export much more than they import.**
	A balança comercial da China está em desequilíbrio; eles exportam mais do que importam.
container contêiner	**Every CONTAINER must be inspected by custom officials at the port.**
	Todos os contêineres devem ser inspecionados por oficiais da alfândega no porto.
CIF (cost, insurance, freight) custo, seguro e frete	**Our CIF costs have risen 2% yearly over the past five years.**
	Nossos custos CIF devem ter aumentado 2% ao ano nos últimos 5 anos.
shipping embarque	**We need all the information we can get regarding SHIPPING expenses.**
	Nós precisamos de toda a informação que pudermos conseguir com relação a gastos com embarque.

trading company empresa comercial exportadora	**We will need to consult with an experienced TRADING COMPANY if we would like to begin exporting products.** Nós precisaremos consultar uma empresa comercial exportadora com experiência se nós quisermos começar a exportar produtos.
proforma invoice fatura *pro forma*	**They sent the PROFORMA INVOICE confirming the terms and prices we agreed upon in our negotiations.** Eles enviaram a fatura *pro forma* confirmando os termos e preços sobre os quais concordamos em nossas negociações.
freight frete	**We must ensure quality care is provided for our products when they are shipped as FREIGHT overseas.** Precisamos garantir que haja serviço de qualidade para nossos produtos quando são remetidos em fretes para outros continentes.
border fronteira	**When crossing the BORDER, make sure drivers have the required documents so as not to delay the shipments.** Quando cruzar a fronteira, certifique-se de que os motoristas tenham a documentação necessária de forma a não atrasar as remessas.
customs duty taxa de alfândega	**We have negotiated down the CUSTOMS DUTY that we are required to pay.** Nós reduzimos a taxa de alfândega que devemos pagar.
tariff imposto de importação	**The larger the shipment, the higher the amount we will have to pay for the TARIFF.** Quanto maior a remessa, maior a quantia que vamos ter de pagar para o imposto de exportação.

harbor facilities instalações portuárias	**The efficiency at which freight is unloaded depends on the HARBOR FACILITIES of the country we ship to.** A eficiência com que a carga é descarregada depende das instalações portuárias do país para o qual estamos remetendo.
FOB (free on board) livre a bordo	**We have saved some costs by using FOB shipping point, which changes the title of goods to the buyer as soon as the freight has been shipped.** Poupamos alguns custos usando ponto de expedição FOB, o que transfere a propriedade da mercadoria para o comprador assim que a carga tenha sido expedida.
cargo handling manuseio de carga	**Do intensive background checks on the employees that will be involved in CARGO HANDLING.** Faça uma boa investigação sobre o passado dos nossos funcionários que vão estar envolvidos com manuseio de carga.
currency moeda	**The contract must be in the CURRENCY of the country that we are exporting to.** O contrato tem de ser na moeda do país para o qual estamos exportando.
cargo ship = cargo vessel navio de carga	**Their new CARGO SHIPS will be able to carry 50% more.** Esses novos navios de carga terão capacidade para carregar 50% a mais.
abroad no exterior	**I have always thought of trying to work ABROAD for an import/export company.** Sempre pensei em tentar trabalhar no exterior para uma empresa de exportação/importação.
port porto	**Their PORT is inadequate to handle the amount of ships that come in and out of it every day.** O porto deles é inadequado para lidar com a quantidade de navios que chegam e partem dele todos os dias.

exchange rate taxa de câmbio	**The EXCHANGE RATE is starting to work in our favor.**
	A taxa de câmbio está começando a trabalhar a nosso favor.
terminal terminal	**The products will be delivered at TERMINAL 2.**
	Os produtos vão ser entregues no Terminal 2.
air freight transporte aéreo	**With the rising costs of fuel, AIR FREIGHT has become much more expensive.**
	Com o custo crescente do combustível, o transporte aéreo ficou muito mais caro.
IT DEPARTMENT	
user-friendly fácil de usar	**We designed the new software to be more USER-FRIENDLY.**
	Projetamos o novo software para ser mais fácil de usar.
delete apagar ou excluir	**Make sure to keep a second copy of your data in case it gets DELETED somehow.**
	Certifique-se de manter uma segunda cópia de seus dados no caso de serem apagados de alguma forma.
at – @ arroba	**Let me spell my e-mail address for you: it's 'j-o-a-o AT c-o-m-p-a-n-y dot com dot br'.**
	Deixe-me soletrar meu endereço para você: é "j-o-a-o arroba abêcê ponto com ponto br".
download baixar	**Before you DOWNLOAD it, check it for viruses.**
	Antes de baixar, verifique se tem vírus.
double click clique duplo; clicar duas vezes	**DOUBLE CLICK on the icon in the lower right-hand corner of your screen to begin the presentation.**
	Clique duas vezes no ícone no canto inferior direito de sua tela para começar a apresentação.

b2b (business to business) comércio entre empresas	**I primarily deal with B2B (BUSINESS TO BUSINESS) interactions.**
	Eu trato mais de interações comerciais entre empresas.
online conectado	**Make sure to tell everyone to be ONLINE by 9 in the morning tomorrow for the web conference.**
	Certifique-se de dizer a todos para estarem conectados por volta das 9 da manhã amanhã para a conferência pela internet.
wi-fi conexão sem fio	**We have been having problems with our WI-FI signal.**
	Estamos tendo problemas com nosso sinal de conexão sem fio.
configure configurar	**I will help you CONFIGURE your system later today.**
	Eu vou ajudar você a configurar seu sistema mais tarde hoje.
backup (cópia de) segurança	**Always create a BACKUP file.**
	Sempre crie uma cópia de segurança.
copy and paste copiar e colar	**When you COPY AND PASTE, make sure you have copied the entire section before moving on to the next task.**
	Quando você copiar e colar, certifique-se de que você copiou a seção inteira antes de ir adiante para a próxima tarefa.
crash "dar pau"	**The server CRASHED because of the excess of users.**
	O servidor parou de funcionar por causa do excesso de usuários.
offline desconectado	**I'm signed in, yet it keeps saying I'm OFFLINE.**
	Estou logada, mas mesmo assim diz que estou desconectada.

uninstall desinstalar	**You will have to UNINSTALL some programs to make your computer run faster.** Você vai ter de desinstalar alguns programas para fazer seu computador funcionar mais rápido.
hard disk disco rígido	**You might want to clear up some space on your HARD DISK.** Você deveria livrar algum espaço no seu disco rígido.
input entrada (de dados)	**Writing computer code can be difficult at times because the INPUT must be exact.** Escrever código de computador pode ser difícil às vezes porque a entrada de dados tem de ser exata.
empty esvaziar	**Is it ok if I EMPTY this folder?** Tudo bem se eu esvaziar esta pasta?
bug falhas	**There is a BUG causing the network to run slowly today.** Há uma falha fazendo com que a rede funcione devagar hoje.
search engine site de busca	**We need to make sure our website is on the first page when people enter information about products similar to ours in SEARCH ENGINES.** Precisamos nos certificar de que nosso website aparece na primeira página quando as pessoas entram com informação sobre produtos semelhantes aos nossos em sites de busca.
browser navegador	**Make sure to close all BROWSER Windows when you are finished working at your station.** Certifique-se de fechar todas as janelas do navegador quando você tiver terminado de trabalhar em sua estação.

keyword palavra-chave	**The KEYWORD that I was thinking of slipped my mind.** A palavra-chave em que eu estava pensando fugiu do meu pensamento.
forward encaminhar (msg)	**I am going to forward this spam to you so you can read it yourself.** Vou encaminhar esta mensagem espúria para você e você mesmo vai ler.
FAQ (frequently asked questions) perguntas freqüentes	**Customers have always said they have benefited from FAQ sections of our manuals.** Os clientes sempre disseram que se beneficiam das seções de perguntas freqüentes dos nossos manuais.
ERP (enterprise resource planning) planejamento de recursos do empreendimento	**Our company's ENTERPRISE RESOURCE PLANNING has been the major component for making us more efficient.** O planejamento de recursos do empreendimento da nossa empresa tem sido o principal componente para nos tornar mais eficientes.
network rede	**We operate on a shared computer NETWORK.** Nós operamos em uma rede de computadores compartilhada.
reboot reiniciar	**After installing the program, REBOOT your computer.** Depois de instalar o programa, reinicie o computador.
server servidor	**Only a few people have complete access to everything on the SERVER.** Apenas algumas poucas pessoas têm acesso total a tudo que está no servidor.
broadcast transmissão	**There will be a BROADCAST on the Internet.** Vai haver uma transmissão na internet.

LEGAL DEPARTMENT	
agreement = settlement acordo	**We need to come to an AGREEMENT with them by the end of the week.** Precisamos chegar a um acordo com eles até o fim desta semana.
attorney = lawyer = counselor = barrister advogado	**Our company employs very talented LAWYERS.** Nossa empresa emprega advogados muito talentosos.
claim alegar	**They CLAIMED they did not use our copyrighted material.** Eles alegaram que não tinham usado nosso material protegido por direitos autorais.
appeal apelação	**I have taken a look at the APPEAL and I feel that we have a good chance for success.** Nós demos uma olhada na apelação e eu acho que temos boas chances de sucesso.
sign assinar	**We will SIGN a deal, making them our partners.** Nós vamos assinar um trato, tornando eles nossos parceiros.
clause cláusula	**Make sure to read the contract fully to see if there are any CLAUSES that we disagree with.** Certifique-se de ler o contrato integralmente para ver se tem quaisquer cláusulas com as quais discordamos.
limited liability company (ltd.) companhia limitada	**The members have decided that the LLC will be Manager managed in case the decision is ever made to convert our company into a corporation.** Os membros decidiram que a companhia limitada vai ser administrada por um gerente no caso de se chegar a tomar a decisão de converter nossa empresa em uma corporação.

legal advisor conselheiro jurídico	**We have hired the best LEGAL ADVISORS in the country.**
	Nós contratamos os melhores conselheiros jurídicos no país.
contract contrato	**They have asked to restructure their CONTRACT.**
	Eles nos pediram para reestruturar o contrato deles.
statement declaração	**Our main competitors made a public STATEMENT, announcing they were filing for bankruptcy.**
	Nossos principais concorrentes fizeram uma declaração pública, anunciando que estavam pedindo falência.
legal department departamento jurídico	**The in-house LEGAL DEPARTMENT sometimes helps employees with non-work-related legal issues.**
	O departamento jurídico às vezes auxilia os funcionários com questões legais não relacionadas ao trabalho.
copyright direitos autorais	**We won't be able to use that without their permission because of their COPYRIGHT.**
	Nós não vamos conseguir usar isso sem a permissão deles por causa dos direitos autorais.
comply with estar em conformidade com	**Everyone must COMPLY WITH company regulations, from the employees all the way up to the CEO.**
	Todos devem estar em conformidade com as regras da empresa, dos empregados até o presidente.
practice escritório (local onde se exerce a profissão)	**Their legal PRACTICE specializes in discrimination law.**
	O escritório de advocacia deles é especializado em direito da discriminação.

bankruptcy falência	**We are going to wait to see what the implications are, since they filed for BANKRUPTCY.**
	Nós vamos esperar para ver quais são as implicações, uma vez que eles pediram falência.
warranty garantia	**All of our products come with a two-year WARRANTY.**
	Todos os nossos produtos vêm com uma garantia de dois anos.
fee honorários/taxa	**To be able to count on their advice we will have to pay legal FEES.**
	Para podermos contar com o aconselhamento deles vamos ter de pagar honorários de advogado.
trial julgamento	**Even if a company is found not guilty, it is never good for their public image to go on TRIAL for illegal activities.**
	Mesmo que a empresa não seja considerada culpada, nunca é bom para a imagem pública ir a julgamento por atividades ilegais.
law lei	**Make sure you are following the import LAWS in that country.**
	Certifique-se de que está seguindo as leis de importação naquele país.
party parte (na negociação, contrato)	**I'm afraid the other party is not willing to compromise on payment conditions.**
	Temo que a outra parte não está disposta a ceder nas condições de pagamento.
file a suit against entrar com uma ação contra	**It looks like we will have to FILE A SUIT AGAINST them for using our brand name without permission.**
	Parece que vamos ter de entrar com uma ação contra eles por usarem nossa marca sem permissão.

sue processar	**We are lucky because they have decided not to SUE us for that mistake we made.**
	Tivemos sorte porque eles decidiram não nos processar por aquele erro que cometemos.
power of attorney procuração	**I decided to give POWER OF ATTORNEY to my wife if case anything ever happens to me.**
	Eu decidi dar uma procuração minha a minha esposa no caso de algo me acontecer.
breach quebra ou violação	**They need to be contacted immediately to inform them that they BREACHED contract.**
	Eles precisam ser contatados imediatamente para serem informados sobre sua violação de contrato.
bribe suborno	**He was found guilty for accepting a BRIBE to alter the financial data in the reports.**
	Ele foi julgado culpado por aceitar suborno para alterar os dados financeiros do relatório.
third party terceiros	**Do you realize the importance in having a non-biased THIRD PARTY attend contract negotiations?**
	Você percebe a importância de fazer com que uma terceira parte isenta participe das negociações contratuais?
MANAGEMENT	
follow-up acompanhamento	**We have gained a lot of valuable information to improve our products with our customer FOLLOW-UP surveys.**
	Nós obtivemos muitas informações valiosas para melhorar nossos produtos com nossas pesquisas de acompanhamento.

postpone adiar	**The conference call will be POSTPONED for two hours.**
	A reunião por telefone vai ser adiada por duas horas.
leverage alavancar	**We can use our contacts to LEVERAGE a better deal.**
	Nós podemos usar nossos contatos para alavancar uma negociação melhor.
achieve atingir	**The company will ACHIEVE many of the goals that were set in the beginning of the year.**
	A empresa vai atingir muitas das metas que foram estabelecidas no início do ano.
delay atraso	**There was a DELAY in the shipment.**
	Houve um atraso na remessa.
assess avaliar	**We will ASSESS the need for additional financing.**
	Nós vamos avaliar a necessidade de um financiamento adicional.
call off a deal cancelar um negócio ou uma negociação	**We haven't had to CALL OFF A DEAL for some time now.**
	Faz algum tempo agora que não precisamos cancelar um negócio.
make a decision tomar uma decisão	**Do you have an idea about when they'll MAKE A DECISION about the extra compensation for employees transferred abroad?**
	Você tem alguma idéia de quando eles vão tomar uma decisão sobre a remuneração extra de funcionários transferidos para outros países?
coaching coaching	**Our organization puts a lot of emphasis on COACHING in-coming employees to prepare them for success.**
	Nossa organização coloca muita ênfase em fazer o coaching de funcionários recém-chegados para prepará-los para serem bem-sucedidos.

deploy acionar	**We should DEPLOY a new set of marketing strategies.** Deveríamos acionar um novo conjunto de estratégias de mercado.
attend comparecer	**Do you plan to ATTEND the national conference next month?** Você planeja comparecer à conferência nacional no próximo mês?
jeopardize colocar em perigo	**They are a major customer of ours; we can't JEOPARDIZE our business with them.** Eles são um grande cliente nosso; não podemos colocar nosso negócio com eles em perigo.
reliable confiável	**Paulo has always been a very RELIABLE team member.** O Paulo sempre foi um membro muito confiável da equipe.
counter-offer contra-oferta	**We have decided to come back with a COUNTER-OFFER.** Nós decidimos retornar com uma contra-proposta.
fulfillment cumprimento	**What is the time frame for the FULFILLMENT of my requests?** Qual o tempo (necessário) para o cumprimento das minhas solicitações?
meet a deadline cumprir um prazo	**I can always count on Mariana to MEET A DEADLINE.** Sempre posso contar com a Mariana para cumprir prazos.
in-company dentro da empresa (geralmente curso)	**I have learned a lot by participating in the IN-COMPANY employee self-improvement workshops.** Aprendi muito participando das oficinas de autodesenvolvimento de funcionários feitas na empresa.

<table>
<tr><td rowspan="2">effective
eficaz</td><td>The six-sigma implementation has been very EFFECTIVE.</td></tr>
<tr><td>A implementação do seis-sigma foi muito eficaz.</td></tr>
<tr><td rowspan="2">efficient
eficiente</td><td>Employees have become more EFFICIENT as on-the-job training has improved.</td></tr>
<tr><td>Os empregados ficaram mais eficientes à medida que o treinamento prático melhorou.</td></tr>
<tr><td rowspan="2">entrepreneurship
empreendedorismo</td><td>People with a background in ENTREPRENEURSHIP are good at bringing up innovative ideas.</td></tr>
<tr><td>Pessoas com experiência em empreendedorismo são boas em trazer idéias inovadoras.</td></tr>
<tr><td rowspan="2">undertaking
empreendimento</td><td>Everyone is confident that the new UNDERTAKING will be very rewarding for the company.</td></tr>
<tr><td>Todos estão seguros de que o novo empreendimento vai ser muito compensador para a empresa.</td></tr>
<tr><td rowspan="2">figure out
entender ou descobrir</td><td>We have hired a consulting firm to FIGURE OUT what is causing problems in the production line.</td></tr>
<tr><td>Contratamos uma empresa de consultoria para entender o que está causando problemas na linha de produção.</td></tr>
<tr><td rowspan="2">briefing
instruções</td><td>There is going to be a BRIEFING on the impact of opening an additional plant.</td></tr>
<tr><td>Vai haver algumas instruções sobre o impacto de abrir mais uma planta.</td></tr>
<tr><td rowspan="2">go ahead
ir em frente</td><td>Tell Luciano he can GO AHEAD and begin the negotiations.</td></tr>
<tr><td>Avise o Luciano que ele pode ir adiante e iniciar as negociações.</td></tr>
</table>

key performance indicators – KPIs itens de controle/indicadores	**Here is an outline of the KPIs that were discussed for the coming quarters.**
	Aqui está um resumo itemizado dos indicadores que foram debatidos para os próximos trimestres.
deal with lidar com	**I can't DEAL WITH that issue at the moment.**
	Não posso lidar com essa questão no momento.
leadership liderança	**We have had a great year due to the vision and LEADERSHIP of our CEO.**
	Nós tivemos um ano excelente devido à visão e à liderança do nosso presidente.
misunderstanding mal-entendido	**I think there was a MISUNDERSTANDING that led to that mistake.**
	Eu acho que houve um mal-entendido que levou a esse erro.
metrics métrica	**Control METRICS are vital for measuring the successfulness of our new ventures.**
	Uma métrica de controle é vital para mensurar o sucesso de nossos novos empreendimentos.
goal meta	**I was able to reach my GOAL of becoming a manager.**
	Eu consegui alcançar minha meta de me tornar um gerente.
target meta	**We reached our TARGET profit for the fifth year in a row.**
	Atingimos nossa meta de lucro pelo quinto ano seguido.
monitor monitorar	**I have a very mature group. I don't have to continually MONITOR them to make sure they are getting their jobs done.**
	Eu tenho um grupo muito maduro. Não preciso monitorar eles todo o tempo para me assegurar de que estão fazendo o trabalho deles.

set up preparar	**We have to SET UP the conference room for the presentation that will be given after lunch.** Precisamos preparar a sala de reuniões para a apresentação que vai ser feita após o almoço.
deal negociação	**I hope to close the DEAL today after negotiating the price down a bit.** Espero fechar o negócio hoje após negociar para baixar o preço um pouco.
negotiation negociação	**They have set a deadline to finish the NEGOTIATIONS by the end of today.** Eles estabeleceram um prazo para terminar as negociações no final do dia.
networking rede de relacionamentos	**People sometimes underestimate the effect NETWORKING has on their careers.** As pessoas às vezes subestimam o efeito que a rede de relacionamentos tem em suas carreiras.
attend to atender ou cuidar de	**I will ATTEND TO those issues immediately.** Vou atender essas questões imediatamente.
action plan plano de ação	**I'm very confident in the ACTION PLAN that you came up with for the project.** Estou muito confiante no plano de ação que você trouxe para o projeto.
contingency plan plano de contingência	**It's important to have options; that is why you always need to have a CONTINGENCY PLAN ready.** É importante ter opções; é por isso que você sempre precisa ter um plano de contingência pronto.
deadline prazo	**The DEADLINE is next Wednesday.** O prazo é a próxima quarta-feira.

<table>
<tr><td rowspan="2">term
prazo, período ou mandato</td><td>A board member's TERM is usually five years or more.</td></tr>
<tr><td>O tempo de (exercício da função de) um membro do conselho é habitualmente de cinco anos ou mais.</td></tr>
<tr><td rowspan="2">pinpoint
precisar</td><td>I can't seem to be able to PINPOINT what exactly is causing the problem.</td></tr>
<tr><td>Parece que eu não consigo precisar exatamente o que está causando o problema.</td></tr>
<tr><td rowspan="2">draw up
preparar algo por escrito</td><td>I will DRAW UP a timeline for the objectives to be completed.</td></tr>
<tr><td>Eu vou preparar uma linha de tempo para completar os objetivos.</td></tr>
<tr><td rowspan="2">report to
reportar-se</td><td>In your new position, you will REPORT directly TO me.</td></tr>
<tr><td>Em sua nova posição, você vai se reportar diretamente a mim.</td></tr>
<tr><td rowspan="2">forecast
previsão</td><td>There has been a drop in our stock due to the economists' negative FORECAST for our industry next year.</td></tr>
<tr><td>Houve uma queda em nossas ações devido à previsão negativa dos economistas para a nossa indústria no ano que vem.</td></tr>
<tr><td rowspan="2">achievement
realização</td><td>The successful launch of the new interactive website was a great ACHIEVEMENT.</td></tr>
<tr><td>O lançamento bem-sucedido do novo site interativo foi uma grande realização.</td></tr>
<tr><td rowspan="2">hold a meeting
realizar uma reunião</td><td>We should HOLD A MEETING immediately to discuss that problem.</td></tr>
<tr><td>Nós deveríamos realizar uma reunião imediatamente para discutir esse problema.</td></tr>
<tr><td rowspan="2">recognition
reconhecimento</td><td>There will be a time after the presentation for the RECOGNITION of outstanding employees.</td></tr>
<tr><td>Haverá um momento após a apresentação para o reconhecimento de funcionários que se destacam.</td></tr>
</table>

cost-effective rentável	**Recycling waste materials has helped our production facility become more COST-EFFECTIVE.**
	A reciclagem de detritos ajudou a nossa fábrica a se tornar mais rentável.
problem-solving resolução de problemas	**The number one skill I look for in an employee is good PROBLEM-SOLVING abilities.**
	A habilidade número um que procuro em um funcionário é a resolução de problemas.
account for responder por	**Their company ACCOUNTED FOR almost 50% of all chemical products sold within North American last year.**
	A empresa deles respondeu por quase 50% de todos os produtos químicos vendidos na América do Norte ano passado.
feedback retorno	**It's great to have constant FEEDBACK on what we are doing right and what we need to improve on.**
	É bom ter retorno constante sobre o que estamos fazendo bem e o que precisamos melhorar.
timing (escolha de um) momento (oportuno)	**The TIMING of that announcement was perfect.**
	O momento para aquela declaração foi perfeito.
decision-making tomada de decisão	**There are many factors to consider in the DECISION-MAKING process of developing new products.**
	Existem muitos fatores a considerar no processo de tomada de decisão de desenvolvimento de novos produtos.
take action agir	**Employees that have initiative and aren't afraid to TAKE ACTION have always done well here.**
	Funcionários com iniciativa e sem medo de agir sempre se deram bem aqui.

check verificar	**Can you CHECK with Daniel to see what he thinks about this?** Você pode verificar com o Daniel o que ele pensa sobre isso?
MARKETING AND SALES DEPARTMENT	
add value agregar valor	**The new marketing strategy should ADD VALUE by increasing our brand recognition.** A nova estratégia de marketing deveria agregar valor aumentando o reconhecimento da nossa marca.
sample amostra	**They will provide a SAMPLE of their work.** Eles vão fornecer uma amostra do trabalho deles.
advertisement or ad anúncio	**We will have an ADVERTISEMENT played at half-time of the soccer match.** Nós vamos mandar passar um anúncio no meio-tempo do jogo de futebol.
word-of-mouth boca a boca	**We need to be more aggressive in our marketing and not just rely on WORD-OF-MOUTH to sell our services.** Precisamos ser mais agressivos com nosso marketing e não simplesmente confiar em recomendações para vender nossos serviços.
prospective buyer comprador em potencial	**It's important to gain and retain a higher percentage of PROSPECTIVE BUYERS.** É importante ganhar e manter uma porcentagem maior de compradores em potencial.
press release comunicado à imprensa	**Our competitors' PRESS RELEASE announces the date they will begin to sell their new model.** O comunicado à imprensa dos nossos concorrentes informa a data em que eles vão começar a vender o novo modelo.

competitor concorrente	**There are two new COMPETITORS that we have started to take more notice of.** Existem dois novos concorrentes que nós começamos a notar mais.
reliability confiabilidade	**Our products are known for their reliability.** Nossos produtos são conhecidos por sua confiabilidade.
quote cotação/orçamento	**Ask Santana whether he has issued the QUOTE.** Pergunte ao Santana se ele já emitiu o orçamento.
seasonal demand demanda sazonal	**Our sales surge in winter because they help to keep people warm; our success is related strongly to the SEASONAL DEMAND each year.** Nossas vendas crescem no inverno porque nossos produtos ajudam a manter as pessoas aquecidas; nosso sucesso está fortemente relacionado à demanda sazonal a cada ano.
package embalagem	**We have re-designed the PACKAGE we sell our products in.** Nós reprojetamos a embalagem em que nossos produtos são vendidos.
price label or price tag etiqueta de preço	**Be sure the PRICE LABEL is removable because our products are often given as gifts.** Certifique-se de que a etiqueta do preço seja removível porque nossos produtos são freqüentemente dados como presentes.
place an order fazer um pedido	**Have our new clients PLACED AN ORDER yet?** Os nossos novos clientes já fizeram um pedido?
launch lançar	**We will LAUNCH the new models next month.** Nós vamos lançar os novos modelos mês que vem.

logo logotipo	**We have hired a graphic design firm to improve our LOGO.** Nós contratamos uma empresa de desenho gráfico para melhorar nossa logomarca.
brand or brand name marca	**Research shows that we have a very marketable BRAND NAME.** A pesquisa mostra que temos uma marca muito vendável.
marketplace mercado	**The MARKETPLACE today is completely different than twenty years ago.** O mercado é hoje completamente diferente de vinte anos atrás.
merchandise mercadoria	**We have started to offer our MERCHANDISE in outlet retail stores.** Nós começamos a oferecer nossa mercadoria em pontos-de-venda do varejo.
showcase mostruário	**We will have a SHOWCASE for the new features we have included on our next generation of products.** Nós vamos ter um mostruário para os novos atributos que incluímos em nossa nova geração de produtos.
market share participação de mercado	**Our improved distribution has helped to increase our MARKET SHARE.** Nossa melhor distribuição ajudou a aumentar nossa participação de mercado.
market research pesquisa de mercado	**MARKET RESEARCH is crucial in helping to discover what customers desire.** A pesquisa de mercado é crucial para ajudar a descobrir o que os clientes desejam.
research and development (R&D) pesquisa e desenvolvimento (P&D)	**The RESEARCH AND DEVELOPMENT department has been expanded to help us create more innovative products.** O departamento de pesquisa e desenvolvimento foi expandido para nos ajudar a criar produtos mais inovadores.

market forecast previsão de mercado	**The MARKET FORECAST for our industry looks very promising over the next several years.** A previsão de mercado para a nossa indústria parece muito promissora para os próximos anos.
demand procura ou demanda	**We are trying to figure out ways to increase DEMAND for our services.** Estamos tentando pensar maneiras de aumentar a demanda por nossos serviços.
product design projeto ou desenho do produto	**The new PRODUCT DESIGN seems to be flawless.** O novo projeto do produto parece ser perfeito.
advertising publicidade	**ADVERTISING is a key source for generating new sales.** A publicidade é a chave para gerar novas vendas.
drop in sales queda nas vendas	**The DROP IN SALES was due to our announcement of a defective product recall.** A queda nas vendas foi devida ao nosso anúncio de recall de produto defeituoso.
satisfy or meet a demand satisfazer uma demanda	**We have a record of always MEETING THE DEMANDS of our clients.** Temos o registro de sempre satisfazermos as demandas dos nossos clientes.
trends tendências	**He says it isn't smart to always follow the TRENDS of the rest of the market.** Ele diz que não é inteligente sempre seguir as tendências do resto do mercado.
market value valor de mercado	**With substitutes being introduced by competing companies, the MARKET VALUE of our products has decreased a bit.** Com substitutos sendo introduzidos pelas empresas concorrentes, o valor de mercado de nossos produtos diminuiu um pouco.

OFFICE TERMS	
time management administração do tempo	**I will participate in a training session for TIME MANAGEMENT.**
	Vou participar de uma sessão do treinamento de administração do tempo.
attach = enclose anexar	**I ATTACHED the report to the e-mail that I sent them.**
	Eu anexei o relatório ao e-mail que enviei para eles.
post anunciar	**I will POST any updates that I hear of.**
	Eu vou anunciar quaisquer atualizações de que tenha notícia.
back up apoiar	**Renato BACKED me UP on that issue.**
	O Renato me apoiou naquela questão.
filing cabinet arquivo (móvel)	**Put it on top of the FILING CABINET in my office.**
	Coloque em cima do arquivo móvel na minha sala.
issue assunto/questão	**This is an ISSUE that we cannot leave out of this meeting.**
	Esta é uma questão que não podemos deixar de fora na reunião.
answer the phone atender ao telefone	**Please ANSWER MY PHONE if anyone calls while I am at lunch.**
	Por favor, atenda ao meu telefone se alguém ligar enquanto eu estiver no almoço.
update atualizar	**Don't forget to UPDATE me on any changes that you hear of.**
	Não se esqueça de me atualizar sobre quaisquer mudanças de que você tenha notícia.
notice aviso	**I just received a NOTICE saying that a virus has been detected on my computer.**
	Acabo de receber um aviso dizendo que um vírus foi detectado no meu computador.

red tape = bureaucracy burocracia	**There is a lot of RED TAPE to deal with when working with the government.** Tem de lidar com muita burocracia quando se está trabalhando com o governo.
fall (on a date) cair (numa data)	**Our company's anniversary will FALL on a Friday this year.** O aniversário de nossa empresa vai cair numa sexta-feira este ano.
business card cartão de visita	**The exchange of BUSINESS CARDS is very important in East Asia.** A troca de cartões de visita é muito importante na Ásia Oriental.
head of the department chefe de departamento	**I have learned a lot working with the HEAD OF THE DEPARTMENT.** Aprendi muito trabalhando com o chefe do departamento.
paycheck cheque de recebimento de salário	**I no longer receive a physical PAYCHECK because my salary is automatically deposited in my bank account.** Não recebo mais cheque físico como pagamento porque meu salário é automaticamente depositado na minha conta bancária.
badge crachá	**Remember your security BADGE or the guards won't let you in the building.** Lembre do seu crachá de segurança ou então os guardas não vão deixar você entrar no prédio.
effective date = due date data de vencimento	**If you make your payment on the DUE DATE, the transaction must be completed before midnight.** Se você fizer seu pagamento na data de vencimento, a transação deverá ser completada antes da meia-noite.
day off dia de folga	**I plan to take a DAY OFF tomorrow so I can travel with my family.** Eu planejo tirar um dia de folga amanhã para poder viajar com minha família.

workstation estação de trabalho	**I like that my WORKSTATION has several windows near to it.**
	Eu gosto que minha estação de trabalho tenha várias janelas por perto.
be down estar fora do ar	**I heard the system will BE DOWN for the entire day.**
	Eu ouvi que o sistema vai estar fora do ar o dia todo.
be up and running estar no ar	**The new program will BE UP AND RUNNING by the end of the quarter.**
	O novo programa vai estar no ar no final do trimestre.
office hours expediente	**OFFICE HOURS will be reduced during the holiday.**
	O expediente será reduzido durante o feriado.
take notes fazer anotações	**Remember to TAKE NOTES for me since I will miss the meeting.**
	Lembre de fazer anotações para mim uma vez que não vou participar da reunião.
branch office filial	**I have to make a visit to the BRANCH OFFICE later this week.**
	Eu tenho de fazer uma visita à filial no final desta semana.
sheet of paper folha de papel	**There is a SHEET OF PAPER stuck in the printer.**
	Tem uma folha de papel presa na impressora.
office staff funcionários administrativos	**The OFFICE STAFF gets along very well and works well with each other.**
	Os funcionários administrativos se dão muito bem e trabalham bem uns com os outros.
rush hour hora do pique	**I need to leave the office early so I don't get stuck in RUSH HOUR traffic.**
	Preciso sair cedo do escritório para não ficar preso no trânsito da hora do pique.

timetable = schedule horários	**We have just posted the TIMETABLE for the in-company workshops.** Acabamos de publicar os horários para as oficinas na empresa.
printer impressora	**There will be new PRINTERS installed this week.** Haverá novas impressoras instaladas esta semana.
facility instalações	**I want to visit the new FACILITY that our company built.** Quero visitar as novas instalações que nossa empresa construiu.
break intervalo	**I'm going on a BREAK; would you like to join me?** Vou fazer um intervalo; quer vir comigo?
leave licença	**I will take a LEAVE of absence to work on a project for the government.** Vou pedir uma licença para trabalhar em um projeto para o governo.
to do list lista de tarefas	**I have almost completed everything on my TO DO LIST.** Já completei quase tudo na minha lista de tarefas.
stationery material de escritório	**I ordered some more STATIONERY so we won't run out.** Pedi mais material de escritório para não ficarmos sem.
on time na hora	**Paulo has always been ON TIME for work.** Paulo sempre chega no trabalho na hora.
paperwork papelada	**There will be a lot of PAPERWORK to go through for the audit.** Vai ter muita papelada para analisar para a auditoria.

spreadsheet planilha	**Using a SPREADSHEET has always helped me to stay organized.**
	Usar planilhas sempre me ajudou a me manter organizado.
report relatório	**That last REPORT took a lot of extra time to finish.**
	Aquele último relatório exigiu muito tempo extra para ser terminado.
reply responder ou replicar	**I will REPLY to their firm by the end of the day.**
	Vou responder para a empresa deles ao final do dia.
projector projetor	**Make sure to set up the PROJECTOR before the presentation.**
	Certifique-se de instalar o projetor antes da apresentação.
under bad weather sob mau tempo	**We must always deliver on time, even UNDER BAD WEARTHER, because our customers expect it.**
	Precisamos sempre entregar na data, mesmo sob mau tempo, porque nossos clientes esperam isso.
operator telefonista	**I keep getting transferred to the OPERATOR when I try to contact their customer service department.**
	Fico sendo transferido para a telefonista quando tento entrar em contato com o departamento de atendimento ao cliente deles.
PRODUCTION & LOGISTICS DEPARTMENTS	
state-of-the-art = cutting edge (tecnologia) de ponta	**Our new products will be STATE-OF-THE-ART.**
	Nossos novos produtos serão de ponta.
in bulk a granel	**It will be cheaper if we buy supplies IN BULK.**
	Vai ser mais barato se comprarmos suprimentos a granel.

utilities serviços públicos (água, eletricidade, gás)	**Our UTILITIES cost have risen a lot over the past several years.**
	Nossos custos de serviços públicos aumentaram muito nos últimos anos.
height/length/width/depth altura/comprimento/largura/profundidade	**The HEIGHT has been increased to allow for larger trucks.** **The LENGTH of the new trailers has increased by 1/3, allowing us a lot more space.** **Are these pallets the right WIDTH for our trucks?** **Do you know the DEPTH of water required for our cargo vessels?**
	A altura foi aumentada para permitir (a passagem de) caminhões maiores. O comprimento dos novos reboques foi aumentado em um terço, nos permitindo muito mais espaço. Essas paletes têm a largura certa para os nossos caminhões? Você sabe a profundidade de água necessária para os nossos navios de carga?
scaffolding andaime	**What are the weight restrictions for the SCAFFOLDING?**
	Quais são as restrições de peso para o (uso do) andaime?
warehouse = depot depósito/armazém	**We will be changing the layout of the WAREHOUSE to increase efficiency.**
	Nós vamos mudar o leiaute do depósito para aumentar a eficiência.
crate caixa de madeira	**How many of these CRATES can we fit in a truck?**
	Quantas dessas caixas podemos fazer caber em um caminhão?

truck = lorry caminhão	**The TRUCK needs to be loaded before noon.**
	O caminhão precisa ser carregado antes do meio-dia.
hardhat = helmet capacete	**Everyone must wear a HARDHAT while they are in the production area.**
	Todos precisam usar um capacete enquanto estiverem na área de produção.
storage capacity capacidade de armazenagem	**Our STORAGE CAPACITY will double when we finish the construction of our new warehouse.**
	Nossa capacidade de armazenagem vai dobrar quando terminarmos a construção do nosso novo depósito.
load carga	**What are the restrictions on who is allowed to carry the LOAD?**
	Quais são as restrições com relação a quem tem permissão para carregar a carga?
shipment carregamento	**The SHIPMENT should have arrived by now.**
	O carregamento já deve ter chegado.
bar code código de barras	**If you scan the BAR CODE on that package the computer will tell where it is going.**
	Se você escanear o código de barras naquela embalagem o computador vai lhe dizer para onde vai.
repair consertar	**They need to REPAIR those forklifts as soon as possible.**
	Eles precisam consertar aquelas empilhadeiras assim que possível.
inventory control controle de inventário	**It's vital to have very strict INVENTORY CONTROL to help keep costs down.**
	É vital ter um rígido controle de inventário para ajudar a manter os custos baixos.

damage danificar/dano	**We need to take the necessary precautions so the products don't get DAMAGED in transit.**
	Precisamos tomar as precauções necessárias de forma a que os produtos não sejam danificados em trânsito.
delivery date data de entrega	**The DELIVERY DATE of the shipment has been moved back two weeks.**
	A data de entrega da remessa foi atrasada em duas semanas.
expiry date = expiration date data de validade	**We need dispose of some of our food products because they are beyond their EXPIRATION DATE.**
	Precisamos descartar alguns de nossos produtos alimentares pois estão além da data de validade.
defect = failure defeito	**We have been able to reduce the number of products that have DEFECTS by increasing employee training and development.**
	Nós conseguimos reduzir o número de produtos que têm defeitos intensificando o treinamento e o desenvolvimento dos funcionários.
(mechanical) fault defeito (mecânico)	**The problem was caused by a mechanical FAULT on the assembly line.**
	O problema foi causado por um defeito na linha de montagem.
stockroom depósito	**With the digital inventory tracking system, we have been able to reduce the amount of supplies that we need to keep in the STOCKROOM.**
	Com o sistema de rastreamento de inventário conseguimos reduzir a quantidade de suprimentos que precisamos manter no depósito.
dispatch despachar	**Have they already DISPATCHED the goods?**
	Eles já despacharam as mercadorias?

time difference diferença de fuso horário	**The TIME DIFFERENCE has made it difficult at times to meet with project members around the world.**
	A diferença de fuso horário às vezes dificulta encontrar membros do projeto em diferentes partes do mundo.
forklift empilhadeira	**Every employee working in the warehouse needs to be trained to use the FORKLIFTS.**
	Todos os funcionários trabalhando no depósito precisam ser treinados para usar as empilhadeiras.
contractor empreiteiro	**The CONTRACTOR will be working here until the end of the month.**
	O empreiteiro vai trabalhar aqui até o final do mês.
site engineer engenheiro de obras	**Two SITE ENGINEERS will oversee the completion of the project.**
	Dois engenheiros de obras vão supervisionar a finalização da tarefa.
conveyor belt esteira transportadora	**There have been problems with products falling off of the CONVEYOR BELT.**
	Tem havido problemas com produtos caindo da esteira transportadora.
manufacturing fabricação	**Most of the MANUFACTURING has been outsourced to China.**
	A maior parte da fabricação foi terceirizada para a China.
railroad = railway ferrovia	**The RAILROAD has become a cheaper way to ship since the price of gas has increased.**
	A ferrovia se tornou uma forma mais barata de remessa desde que o preço do gás aumentou.
flow chart fluxograma	**The progress we have made can be seen in this FLOWCHART.**
	O progresso que fizemos pode ser visto neste fluxograma.

plant manager gerente de fábrica	**Our new PLANT MANAGER, Rafael, has been very helpful.** Nosso novo gerente de planta, o Rafael, tem sido muito prestativo.
facility instalações	**The old FACILITIES just couldn't keep up with our high production demands.** As antigas instalações simplesmente não podiam dar conta de nossas altas demandas de produção.
assembly line linha de montagem	**I think we can save money by making the ASSEMBLY LINE more efficient.** Penso que podemos poupar dinheiro tornando a linha de montagem mais eficiente.
lot = batch lote	**The last BATCH contained computer chips that were all defective.** Este último lote continha chips de computador que estavam todos defeituosos.
machinery maquinário	**New MACHINERY will be delivered to help us complete production faster.** O novo maquinário vai ser entregue para nos ajudar a completar a produção mais rapidamente.
raw material matéria-prima	**We were able to negotiate the costs of our RAW MATERIAL down 10%.** Nós conseguimos negociar e baixar o custo de nossa matéria-prima em 10%.
measurements medidas	**Could you inform me what the requirements are in terms of MEASUREMENTS?** Você poderia me informar quais são as exigências em termos de medidas?
flammable goods = inflammable goods mercadorias inflamáveis	**It's important to always make sure there are no FLAMMABLE GOODS near the welding areas.** É importante sempre se certificar de que não há mercadorias inflamáveis perto das áreas de solda.

engine motor	**The ENGINE should be replaced because it would cost more to fix it than to buy a new one.**
	O motor deveria ser substituído porque nos custaria mais consertar do que comprar um novo.
safety goggles óculos de segurança	**It is company policy that employees wear SAFETY GOGGLES to protect their eyes when using the machinery.**
	É política da empresa que os funcionários usem óculos de segurança para proteger os olhos quando estiverem usando o maquinário.
full stop = full halt parada total	**If the assembly line comes to a FULL STOP we will lose a lot of valuable time.**
	Se a linha fizer uma parada total não vamos perder muito tempo precioso.
break down parar de funcionar	**What caused the machine to BREAK DOWN?**
	O que fez com que a máquina parasse de funcionar?
toll pedágio	**Our delivery drivers must be reimbursed for the TOLL they had to pay in delivering the shipments.**
	Nossos motoristas de entrega devem ser reembolsados pelo pedágio que tiveram de pagar durante a entrega das remessas.
purchase order pedido de compra	**I need to know the exact quantity we need to fill the PURCHASE ORDER.**
	Preciso saber a quantidade exata de que precisamos para preencher o pedido de compra.
gross weight peso bruto	**The GROSS WEIGHT of each container must be under 300 kilogramas.**
	O peso bruto de cada contêiner deve ficar abaixo de 300 quilos.

net weight peso líquido	**The NET WEIGHT of each part is 5 kilograms.** O peso líquido de cada peça é 5 quilos.
research and development (R&D) pesquisa e desenvolvimento (P&D)	**We have doubled the amount we are spending on RESEARCH AND DEVELOPMENT.** Nós duplicamos o valor que estamos gastando em pesquisa & desenvolvimento.
gate portão	**Make sure the drivers know they need to pick up the shipments by coming through the GATES on the backside of the building.** Certifique-se de que os motoristas saibam que precisam pegar as remessas atravessando os portões do lado de trás do prédio.
track rastrear	**We use a computer system to TRACK our trucks online.** Usamos um sistema para rastrear nossos caminhões on-line.
highway = motorway rodovia	**The HIGHWAY we usually use is under construction so we need to find a new route.** A rodovia que costumamos usar está em construção, então precisamos achar uma nova rota.
TRAVEL	
accommodations acomodações	**The company always pays for employees' ACCOMMODATIONS on business trips.** A empresa sempre paga pela acomodação dos funcionários em viagens de negócios.
luggage bagagem	**If your LUGGAGE weighs more than the limit, you will be charged a fee.** Se sua bagagem pesar mais do que o limite, vai ser cobrada uma taxa de você.

counter balcão	**Can you take my bags to the ticket COUNTER to be weighed?**
	Você pode levar minhas malas para o balcão para serem pesadas?
exchange câmbio	**They are specialists in foreign EXCHANGE and facilitating international payments.**
	Eles são especialistas em câmbio e em facilitar pagamentos internacionais.
boarding pass cartão de embarque	**Make sure to have the BOARDING PASS ready to show when boarding the plane.**
	Certifique-se de que você tem o cartão de embarque pronto para mostrar quando entrar no avião.
flight attendant comissário de bordo	**The FLIGHT ATTENDANT on our flight was very helpful.**
	O comissário de bordo em nosso vôo foi muito prestativo.
overhead compartment compartimento de bagagem	**I don't think that my carry-on luggage will fit in the OVERHEAD COMPARTMENT above our seats.**
	Acho que minha mala de mão não vai caber no compartimento de bagagem acima dos nossos assentos.
consulate consulado	**Contact the American CONSULATE office to see if we can get our employees' visas expedited.**
	Entre em contato com o consulado americano para ver se conseguimos expedir os vistos dos nossos funcionários.
declare goods to customs declarar bens à alfândega	**I won't have to DECLARE GOODS TO CUSTOMS because I have under $500 US worth of merchandise.**
	Não vou ter de declarar bens à alfândega porque tenho menos de 500 dólares em mercadorias.

<table>
<tr><td rowspan="2">airline
empresa aérea</td><td>Our employees have had many delays in their travel plans because that AIRLINE'S planes have had a lot of mechanical issues.</td></tr>
<tr><td>Nossos funcionários tiveram muitos atrasos em seus planos de viagem porque os aviões da companhia aérea tiveram muitos problemas mecânicos.</td></tr>
<tr><td rowspan="2">layover
escala</td><td>I heard that we will have a four-hour LAYOVER in New York.</td></tr>
<tr><td>Ouvi que vamos ter uma escala de quatro horas em Nova Iorque.</td></tr>
<tr><td rowspan="2">guest
hóspede</td><td>It is always a pleasure to be a GUEST at their hotel.</td></tr>
<tr><td>É sempre um prazer ser hóspede no hotel deles.</td></tr>
<tr><td rowspan="2">duty
imposto</td><td>I'm going to have to pay a DUTY if I want to bring back this computer.</td></tr>
<tr><td>Vou ter de pagar um imposto se quiser trazer esse computador de volta.</td></tr>
<tr><td rowspan="2">bag
mala</td><td>I brought two BAGS for this trip.</td></tr>
<tr><td>Trouxe duas malas nesta viagem.</td></tr>
<tr><td rowspan="2">foreign currency
moeda estrangeira</td><td>I plan to exchange my FOREIGN CURRENCY once we return home.</td></tr>
<tr><td>Planejo trocar minha moeda estrangeira quando estiver de volta em casa.</td></tr>
<tr><td rowspan="2">book a room
reservar um quarto</td><td>We don't need to BOOK A ROOM because the company already took care of that for us.</td></tr>
<tr><td>Não precisamos reservar um quarto porque a empresa já cuidou disso para nós.</td></tr>
<tr><td rowspan="2">vacancy
vaga</td><td>That is a popular holiday there; most hotels have already said they have no VACANCY.</td></tr>
<tr><td>É um feriado popular lá; a maioria dos hotéis já disse que eles não têm vagas.</td></tr>
</table>

Pronúncia

Essa área da comunicação internacional é, sem dúvida, a que causa mais problemas, pois envolve exposição total do falante, de um lado, e conhecimento prévio das palavras, de outro. O binômio "medo de se expor × desconhecimento" impede muita gente de simplesmente enfrentar a situação e falar. A boa notícia é que, falando e enfrentando essas situações, vencemos os problemas impostos pelo medo de se expor. A má notícia é que, sem o conhecimento prévio adequado, podemos repetir a mesma coisa uma dezena de vezes que, se não estiver dentro dos padrões que permitem que seja reconhecida pelo seu interlocutor, a palavra ou expressão não será compreendida.

Evidentemente que vale aqui tudo que foi dito inicialmente sobre buscar alternativas, sinônimos, explicações etc. Esse recurso continua reinando supremo. Mas estamos tratando da pronúncia, e por isso precisamos olhar para as dificuldades que ela impõe. É quando queremos ou precisamos pronunciar a palavra tal e nenhuma outra, e não entendemos por que não nos entendem, se estamos com a palavra na nossa frente, lendo-a claramente...

Para tornar esta seção bem objetiva, abaixo aparecem listados os aspectos da pronúncia do inglês que tendem a gerar mais imprecisões para nós, brasileiros. Ou seja, são aspectos com a consciência dos quais você poderá melhorar a clareza do que diz em inglês. Podem ser instruções específicas para melhorar a pronúncia de um som ou ainda fatos do sistema sonoro do inglês que contribuem de forma geral para você abordar a pronúncia de outra forma, com mais precisão.

Em qualquer caso, porém, é a prática que dará a você a medida do seu verdadeiro desenvolvimento. Se desejar aprofundar-se nesse assunto, consulte o livro *Guia de pronúncia do inglês para brasileiros*,[1] para detalhar os sons problemáticos para o falante brasileiro e praticar as formas corretas de pronunciá-los.

Sobre a notação: TH e R, como não possuem equivalente em português, são sempre representados em maiúsculas; a sublinha é a parte acentuada da palavra.

A mesma palavra pode aparecer em mais de uma tabela, dependendo do aspecto da pronúncia para o qual se quer chamar atenção.

1. O <u>INGLÊS É UMA LÍNGUA ACENTUAL</u>; O PORTUGUÊS É UMA LÍNGUA SILÁBICA

Embora saber desse fato não melhore diretamente a sua pronúncia, a consciência dessa diferença permite entender por que às vezes você não entende o que dizem e às vezes você tampouco é compreendido, mesmo que esteja falando devagar.

[1] Schumacher, Cristina; White, Philip de Lacy e Zanettini, Marta. *Guia de pronúncia do inglês para brasileiros*, Ed. Campus. Rio de Janeiro.

Em português tendemos a pronunciar cada sílaba de cada palavra. Ou seja, mesmo que seja uma palavra cuja inserção na frase pode ser presumida pelo contexto e pela estrutura, sua presença é marcada na fala. As sílabas têm um valor "constante". Isso acontece com as línguas silábicas. As línguas acentuais (**stressed languages**), dentre as quais se enquadra o inglês, têm um padrão de pronúncia no qual algumas palavras são pronunciadas menos marcadamente do que outras, dependendo da acentuação da frase, que é aquela parte para a qual queremos, ou devemos, chamar a atenção com o nosso tom de voz. Em alguns casos algumas palavras podem até desaparecer, justamente para atender ao padrão de acentuação. Conte o tempo que leva para dizer:

Português	**Tempo***
Recursos otimizados são exigidos aqui.	3
Recursos industriais 100% otimizados são exigidos aqui.	5
Recursos industriais 100% otimizados para processamento de resíduos são exigidos aqui.	6

Inglês	**Tempo**
Optimized resources are required here.	2
100% optimized industrial resources are required here.	4
100% optimized industrial waste-processing resources are required here.	5

Português	**Tempo**
A pizza está pronta pra entrega.	2
A pizza estava pronta pra entrega.	2
A pizza poderia ter estado pronta pra entrega.	3

Inglês	**Tempo**
The pizza is ready for delivery.	1
The pizza was ready for delivery.	1
The pizza could have been ready for delivery.	1

Dizendo as mesmas coisas, de um modo geral em inglês se toma menos tempo. Em inglês também se diz mais coisas em menos tempo. Quando são "introduzidas mais in-

* Essa cronometragem não representa uma duração de fala necessária para todo e qualquer falante de nenhuma das duas línguas.

formações" na mesma unidade de informação, como nas tabelas anteriores, onde os "recursos/**resources**" foram detalhados em três etapas e o "estar pronto/**be ready**" da pizza sofreu modificações, a tendência é usar o mesmo intervalo de tempo para informar aquela parte da frase, para manter o ritmo. Basicamente: em inglês, quanto mais se diz dentro de uma unidade da frase, mais é preciso "comprimir" essa unidade para fazer tudo que ela contém caber no tempo que o ritmo da frase disponibiliza para ela.

Essa diferença frustra sua expectativa, que deve ser até insconciente pelo treinamento de anos e anos de falar e ouvir português, de ouvir tudo por igual. Acrescentando mais informações, você simplesmente demora mais tempo e não se preocupa tanto com o ritmo. Sabendo que você está lidando com outro padrão, você começa a tomar consciência dele. Esse tipo de diferença deve ser praticado não tanto para atingirmos uma pronúncia perfeita ou algo parecido com isso, mas sim para aumentarmos nossas chances de reconhecer que isso está sendo feito na fala dos outros, pois para fins de pronúncia tendemos a apenas ouvir o que dissemos e a só dizer o que ouvimos. Para quebrar esse ciclo precisamos experimentar os sons e padrões alheios. É isso que vai nos permitir entender mais.

Esse tópico pode ser bastante aprofundado através da identificação da pronúncia das mesmas palavras, com e sem acentuação na frase. A seguir uma tabela com apenas algumas diferenças de pronúncia tem o objetivo de despertar você para esse fato e fazê-lo observar uma e outra língua. Lembre-se: busque sempre imitar o que você ouve, para entender melhor os outros em situação de comunicação real. A representação de vogais é por aproximação apenas. Os negritos representam acentuações:

Grafia	**Representação sonora**		
	Com acentuação	Sem acentuação	Exemplo com transcrição aproximada – uso sem acentuação
Him	/rim/	/im/	**I saw him**. /aisóim/
Her	/rãR/	/ãR/	**I saw her**. /aisóãR/
Is	/iz/	/z/	**This folder is[2] empty**. /THizfoLdãrzémpti/
Are	/aR/	/ã/ antes de consoantes	**Prices are low now**. /**práicizãlou**náu/
Has	/réz/	/éz/, /z/, /s/	**His pass has expired**. /Riz**pés**ézéks**pái**Rd/ **Brandon's missed the point.**/**bréndãnzmíst**THã**póint**/ **Her look's changed**. /rã**Rlukstchéndjd**/

[2] Mesmo sem a contração, **'s** nesse caso, a pronúncia pode ser /z/. Isso vale para todas as palavras contraíveis.

Have	/rév/	/év/, /v/	**Prices have escalated. /práicizévéscalêitid/** **Prices have doubled. /práicizvdãbãLd/**
And	/énd/	/én/	**Robin and Mary** /RóbinénMéRi/
...	...	...	...

2. CONSOANTES

As consoantes em inglês, salvo alguns poucos casos,[3] devem ser claramente pronunciadas, sem acréscimo de sons de vogal. Os dois subitens a seguir apresentam categorias de imprecisões que cometemos quando o assunto é a pronúncia de consoantes. São listas das palavras freqüentemente usadas em comunicações internacionais corporativas que tendem a ser mal pronunciadas. Sua pronúncia correta é feita graficamente entre / /, por aproximação, na coluna ao lado. As consoantes em maiúscula entre as / / indicam que você deve parar no som de consoante e não incluir nenhum /i/, ou outro som de vogal, por mais imperceptível que lhe pareça.

Lembre-se: incluir uma vogal significa aumentar uma sílaba, e aumentar uma sílaba é mudar a estrutura de uma palavra. É como dizer /palavura/, por exemplo, em vez de /palavra/.

No final das listas estão frases criadas para conter o maior número dessas palavras. As frases não têm o objetivo de comunicar coisa alguma, senão apenas apresentar várias ocorrências do som em estudo no tópico.

É uma ajuda extra para decorar as pronúncias corretas todas juntas. Muitas palavras têm mais de uma pronúncia possível, mas para fins de praticidade aqui está indicada uma apenas.

2.1 Consoantes graficamente não seguidas de vogais não devem ser "enxertadas" de qualquer som

Palavra	**Pronúncia**
about	ãbáuT
asset	ésséT
budget	bãdjéT
check	tchéK
desktop	désktóP

[3] **Talk** = /tók/; **iron** = /áiãn/; **palm** /póm/, **cupboard** /kãbãrd/, por exemplo.

difficult	diffkãLT
ethic	éthiC
specific	specifiK
with[4]	wiTH
work	uôrK
if[5]	iF
market	márkiT
repeat	ripiiT
something	sãmTHiNH[5]
network	néTuôrk
Etc.	

- **A big budget is an asset if your industry is capital intensive.**
- **Advertising is more effective when you target your market.**

2.2 "e" final nas palavras é mudo

Palavra	**Pronúncia**
administrate	édministrãt
advantage	édvéntãdj
like	láik
line	láin
because	bikóz
make	mêik
calculate	kaLkiulãt
certificate	sãrtifikãt
communicate	kãmiunikãt
continue	kãntíniu

[4] Palavras como **if** ou **with** dificilmente serão objeto de acentuação na frase, pois são palavras "ponte" entre palavras e idéias. Devemos evitar parar nelas para buscar o que vamos dizer em seguida. Melhor dizer **let me think, let me see** etc., do que ficar dizendo "wifi", "wifi", ou "ifi", "ifi", porque isso não tem registro... Em português, sim, podemos fazer uma pausa em "se" e dizer /si/, por exemplo, buscando mentalmente o que virá depois, mas em inglês vai parecer algo ininteligível.

[5] Como o som final de também, podem etc.

corporate	kórprãt
culture	kãltchãR
define	difáin
determine	ditãrmin
office	ófiss
competitive	kãmpétitiv
Etc.	
▪ We continue to determine how to communicate our corporate office name.	

2.3 "ed" do passado regular é pronunciado como /d/ ou /t/

Obs: será pronunciado /–id/ em verbos que terminem com vogal, –t ou –d

Palavra	Pronúncia
achieved	ãtchivd
arrived	ãrráivd
learned	lãrnd
prepared	pripérd
listened	lissãnd
showed	Xôud
determined	ditãrmnd
produced	prodjiust
talked	tókt
worked	uôrkt
looked	lukt
focused	fôukãst
developed	divélopt
corrected	kãRéktid
decided	dissáidid
affected	ãféctid

dedicated	Dédikêitid
agreed	ãgriid
Etc.	

- **When I last talked to him we worked together and arrived at a solution.**
- **We achieved results because we were determined, worked hard and focused on customers.**

3. PALAVRAS PARECIDAS COM O PORTUGUÊS NÃO SÃO NECESSARIAMENTE ACENTUADAS DA MESMA FORMA

Palavra	Pronúncia
analyst	Énãlist
appropriate	ãpRópRãt
colleague	kólig
comfortable	kãmfãrtãbãl
contact[6]	Kãntékt, kãntékt
control	kãntRoul
corporate	kóRprãt
determine	ditãRmin
develop	divélãp
development	divélãpmént
engine	éndjin
engineering	indjiníiRin
fluently	fluentli
foreign	fóRein
fortunately	FóRtchiunétli
influence	ínfluãns
original	oRidjinal
politics	pólitiks
purchase	pãRtchãs
revenue	Révniu

responsibility	Risponsibiliti
profitable	pRófitãbãl
strategy	stRétãdji
strategic	stRétídjik
responsible	Rispãnsibãl
industry	índãstRi
vocabulary	voukébiuléRi
transparent	transpéRãnt
transparency	transpéRãnci
innovative	ínãvãtiv
interference	intãrfírãns
objective	obdjéktiv
Etc.	

- **Politics greatly effect government purchasing and can affect our revenue.**
- **Our corporate strategy includes moving labor intensive industry to foreign countries.**

4. VOGAIS REPRESENTAM OUTROS SONS, OU SONS QUE NÃO SÃO HABITUAIS EM PORTUGUÊS

Palavra	Pronúncia
area	éria
commercial	kãmãrxãl
cost	kóst
course	córs
resource	Resórs
ideal	aidíãl
mobile (phone)	moubãl, moubail
once	uãns

[6] **Contact x contact** = contato x contatar. **Give me his contact number so I can contact him soon.** Me dê o número de contato dele para eu poder contatar ele logo.

vehicle	Viíkãl
virtual	vãrtchiuãl
value	véliu
international	intãrnéxnãl
item	áitem
medium	midiãm
money	mãni
procedure	próciidjiuR
server	sãrvãr
south	sáuTH
southern	sãTHãrn
traditional	tradíxnãl
Etc.	
▪ **Our commercial area has developed ideal cost procedures to value vital traditional international items.**	

5. –N AO FINAL DE UMA SÍLABA/APÓS UMA VOGAL É PRONUNCIADO COMO O SOM DA LETRA "N" NO ALFABETO INGLÊS, E NUNCA COMO O "M" FINAL DE "TAMBÉM", "PORÉM" ETC. EM PORTUGUÊS

Palavra	Pronúncia
attention	ãtéNxãN
Japan	DjapéN
Latin	LétiN
involved	iNvãlvd
main	mêiN
maintain	meiNtêiN
mention	meNxãN
Etc.	
▪ **In Japan they try to maintain their attention on the main application.**	

6. "AU" TEM SOM DE /Ó/

Palavra	Pronúncia
audit	Ódit
audio	Ódiôu
automotive	ótãmoutiv
because	bikóz
cause	kóz
Etc.	
▪ No auditor is available for auditing the automotive company.	

7. "L" AO FINAL DE UMA SÍLABA/APÓS UMA VOGAL É PRONUNCIADO COM A PONTA DA LÍNGUA LEVANTADA PARA TRÁS, QUASE ENCOSTANDO NO CÉU DA BOCA; NÃO TEM SOM DE /U/ COMO EM PORTUGUÊS

Palavra	Pronúncia
all	óL
bill	biL
always	óLuêis
calculate	kóLkiulãt
install	instóL
skill	skiL
level	lévãL
payroll	pêirouL
travel	trévãL
Etc.	
▪ We calculate all payroll bills.	

8. "R" É SEMPRE PRONUNCIADO COM A PARTE DE TRÁS DA LÍNGUA LEVANTADA EM DIREÇÃO À PARTE POSTERIOR DO CÉU DA BOCA (PALATO)

Palavra	Pronúncia
career	kãRíiR
report	RipóRt
result	Rizãlt
remember	RimémbãR
reach	Riitch
rule	RuL
routine	Rutíin
record	RikóRd,[7] RékóRd
correct	kãRékt
ranking	Rénkin
reduce	Ridjius
Etc.	
■ **Remember to record correct routine procedures and rules.**	

9. "T" E "D" COMBINADOS COM SOM DE /I/ NÃO SÃO "CHIADOS"

Palavra	Pronúncia
certificate	sãrtifkãt
material	mãTiriãl
identify	aidenTifai
quality	kuáliTi
practice	prékTãs
participate	pãRTispãt
particular	pãrTikiulãR
opportunity	ãpaRtchiunãTi
security	sikiuRãTi
subordinate	sãbórDinãt
team	Tiim

[7] Record x Record = registro x registrar. **There are no records of the talks he says he recorded.** Não há registros das conversas que ele diz que gravou (registrou).

teacher	Títchãr
traditional	traDíxnãl
IT	aiTi
motivate	mãTivãt
Etc.	
▪ **We were motivated by the opportunity to participate in his traditional network security meeting.**	

10. U = /Ã/, U = /IU/, U = /U/ (APROXIMAÇÃO)

Palavra	**Pronúncia**
corruption	kãrãpxãn
currency	kãrenci
function	fãnkxãn
instruction	instrãkxãn
occur	ãkãR
subject	sãbdjékt
interruption	inteRãpxãn
successfully	sãksésfãli
successful	sãksésfãl
success	sãksés
pressure	préxãR
product	pródãkt
production	prãdãkxãn
productivity	prãdãktivti
reduction	ridãkxãn
suggestion	Sãgdjésxãn
urgent	ãRdjãnt
focus	fokãs
just	djãst

turbulence	tãrbiulãns
united	iunáitid
infrastructured	infrastrãktchiuRd
structured	strãktchiuRd
volume	vólium
schedule	skédjiul
occupation	ãkiupãxãn
culture	kãltchiuR
communication	kãmiunikãxãn
contribution	kantribiuxãn
future	fiutchãR
including	includin
put	put
bush	bux
Etc.	

- **Successful productivity increases require the reduction of wasted activity.**
- **Interruptions in production can greatly reduce stock levels.**

11. CONSOANTES MUDAS ONDE EM PORTUGUÊS HÁ UMA SÍLABA

Palavra	**Pronúncia**
department	dipaRtmãnt
equipment	ikuípmãnt
government	góveRnmãnt
apartment	ãpáRtmént
segment	ségmãnt
Etc.	

- **Our survival equipment department is divided into military and civilian segments.**

12. –TION = /XÃN/

Palavra	Pronúncia
dictionary	dikxãnéri
evaluation	ivaliãxãn
intention	intenxãn
operation	ãpãrãxãn
requisition	rekuizíxãn
situation	situãxãn
interaction	interãkxãn
solution	sãluxãn
Etc.	

- **Have you found a solution to the situation in the operations department?**
- **Where is the requisition for the production efficiency evaluation?**

13. –CIAL = /XÃL/

Palavra	Pronúncia
beneficial	benefixãl
financial	fãnénxãl
Etc.	

- **Our strong financial background will be beneficial in this new venture.**

14. –CIENT = /XÃNT/

Palavra	Pronúncia
efficient	ifixãnt
sufficient	sãfixãnt
Etc.	

- **Do I need to be more efficient or are my skills already sufficient?**

15. EX– + VOGAL = /IGZ/, EX– + CONSOANTE = /IKS/

Palavra	Pronúncia
exactly	igzéktli
example	igzémpãl
expectation	ikspéktãxãn
expected	ikspéktid
experience	ikspirãns
external	ikstãrnãl
Etc.	
▪ Can you explain to me what exactly you expected out of this experience?	

16. LETRAS MUDAS

Palavra	Pronúncia
knowledge	nólidj
listen	líssãn
debt	dét
doubt	dáut
eighty	êiti
Etc.	
▪ There is no knowledge of doubt about his debt.	

17. –J–, –GE– E –GY = /DJ/

Palavra	Pronúncia
job	djób
language	lénguãdj
logistics	lãdjístiks
manage	ménidj
management	ménidjmént

manager	ménidjãR
margin	máRdjin
judge	djãdj
project	prodjékt
technology	téknólãdji
major	mêidjãR
stage	stêidj
merge	mãrdj
Etc.	

- Our firm will merge with another major logistics management company.
- Who should manage the new language technology project?

18. QU = ~ /KUÃ/

Palavra	**Pronúncia**
acquisition	ékuãzíxãn
question	kuéstiãn
acquaint	ãkuêint
adequate	édekuãt
acquittal	ãkuítãl
equal	ikuãl
equation	ikuãxãn
equilibrium	ékuãlibreãm
Etc.	

- **Do you question our acquisition of an adequate aquarium?**
- **Nothing can equal the exquisite feeling of the acquittal of the judge's inquiry.**

19. S INICIAL NÃO É ANTECEDIDO POR SOM DE /I/

Palavra	Pronúncia
stress	Strés
small	Smól
speak	Spiik
special	Spéxãl
stay	Stéi
structure	StrãktchiuR
Etc.	
■ **Can you believe a small speck of stray dust could cause so much stress?**	

20. "TH" É PRONUNCIADO COM A PONTA DA LÍNGUA ENTRE OS DENTES; NÃO É /F/, /T/ NEM /D/[8]

Palavra	Pronúncia	
thirty	THãrti	
three	THRii	
through	THRu	
with friends	uíTHfRénds	wiTH + consoante, pregas vocais não vibram – coloque a mão no pescoço, na altura da garganta, para verificar
third	THãRd	
with a friend	uíTHãfrénd	wiTH + vogal, pregas vocais vibram – coloque a mão no pescoço, na altura da garganta, compare
think	THink	
thing	THin	Como o "m" final de "também" e "podem", por exemplo
Etc.		
■ **There were thirty three things I thought we should thank him for.**		

[8] A pronúncia do TH costuma ser um dos principais itens da instrução da pronúncia correta em inglês, sendo profusamente abordado em aula e nos materiais didáticos. Por esse motivo optamos aqui por uma explicação mais sucinta.

Conheça também:

Alemão Urgente! Para Brasileiros

ISBN: 978-85-352-0725-5
Páginas: 184

Inglês Urgente! Para Brasileiros

ISBN: 978-85-352-0501-5
Páginas: 232

Espanhol Urgente! Para Brasileiros

ISBN: 978-85-352-0642-5
Páginas: 336

Conheça também:

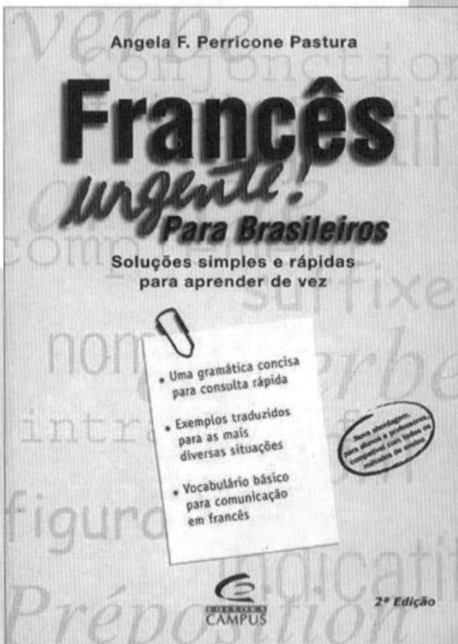

Francês Urgente! Para Brasileiros

ISBN: 978-85-352-1046-0
Páginas: 240

Italiano Urgente! Para Brasileiros

ISBN: 978-85-352-0840-5
Páginas: 200

Português Urgente! Para Brasileiros

ISBN: 978-85-352-0298-4
Páginas: 272

Conheça também:

Como Dizer Tudo em Inglês nos Negócios
ISBN: 978-85-352-1080-4
Páginas: 288

Como Dizer Tudo em Espanhol nos Negócios
ISBN: 978-85-352-1345-4
Páginas: 256

Inglês para Turismo e Hotelaria
ISBN: 978-85-352-2185-5
Páginas: 216

Conheça também:

Manual para Quem Ensina Inglês

ISBN: 978-85-352-1506-9
Páginas: 240

Inglês: As 1.500 Palavras Indispensáveis

ISBN: 978-85-352-1245-7
Páginas: 280

Francês: As 1.500 Palavras Indispensáveis

ISBN: 978-85-352-1309-6
Páginas: 296

Impressão e acabamento
Imprensa da Fé